W0235644

Von der gleichen Autorin erschienen außerdem
als Heyne-Taschenbücher

Wie man einen Mann aufreißt · Band 01/6116
Männer, Männer, Männer · Band 01/6151

CONSTANZE ELSNER

WIE MAN EINE FRAU AUFREISST

*Tricks, die Sie garantiert
noch nicht kennen*

Originalausgabe

WILHELM HEYNE VERLAG

MÜNCHEN

HEYNE-BUCH Nr. 01/6109
im Wilhelm Heyne Verlag GmbH & Co. KG, München

4. Auflage

Copyright © 1982 by Wilhelm Heyne Verlag GmbH & Co. KG,
München, und RTS Verlag Jürgen Zimmermann, München
Printed in Germany 1983
Umschlaggestaltung: Atelier Heinrichs & Schütz, München
Gesamtherstellung: Presse-Druck Augsburg

ISBN 3-453-01632-7

Für R. –
Appreciate me now –
And avoid the rush ...

»Wenn alle Griffe erlaubt sind,
verwende die mit Empfehlungssternchen.«

WIESLAW BRUDZIŃSKI

Augen in der Großstadt

Wenn du zur Arbeit gehst
am frühen Morgen,
wenn du am Bahnhof stehst
mit deinen Sorgen:
        da zeigt die Stadt
        die asphaltglatt
    im Menschentrichter
    Millionen Gesichter:
Zwei fremde Augen, ein kurzer Blick,
die Braue, Pupillen, die Lider –
Was war das? vielleicht dein Lebensglück ...
vorbei, verweht, nie wieder.

Du gehst dein Leben lang
auf tausend Straßen;
du siehst auf deinem Gang,
die dich vergaßen.
        Ein Auge winkt,
        die Seele klingt;
    du hasts gefunden,
    nur für Sekunden ...
Zwei fremde Augen, ein kurzer Blick,
die Braue, Pupillen, die Lider;
Was war das? kein Mensch dreht die Zeit zurück ...
Vorbei, verweht, nie wieder.

Du mußt auf deinem Gang
durch Städte wandern;
siehst einen Pulsschlag lang
den fremden Andern.
Es kann ein Feind sein,
es kann ein Freund sein,
es kann im Kampfe dein
Genosse sein.
Es sieht hinüber
und zieht vorüber ...
Zwei fremde Augen, ein kurzer Blick,
die Braue, Pupillen, die Lider.
Was war das?
Von der großen Menschheit ein Stück!
Vorbei, verweht, nie wieder.

KURT TUCHOLSKY

So ist es Ihnen sicherlich auch schon ergangen –
stimmt's? Aber so muß es nicht sein. Denn wenn Sie
mit der Lektüre dieses Buchs zu Ende sind, wird es für
Sie ein Kinderspiel sein, selbst mit einer Frau, der Sie
nur flüchtig begegnen, Kontakt aufzunehmen. Ohne
daß Sie sich, und das beruhigt Sie vielleicht zu wissen,
eine Ohrfeige einhandeln.

Die Sprüche, die Sie in diesem Buch finden, verdan-
ken Sie charmanten männlichen Wesen, die sie sich aus-
gedacht und an meinen Freundinnen und mir (zum
Großteil erfolgreich) ausprobiert haben. Was Sie weiterhin in diesem Buch finden, sind Einblicke in die Psy-
che der Frauen. Was wir an Männern mögen – und was
nicht. Und weil's mit dem Aufreißen alleine nicht getan
ist, erfahren Sie auch noch, wo es dann am besten längs-
geht – in Ihre Wohnung oder in ihr Apartment ...?!

Kurzum: Auf diesen Seiten werden Sie für alle Eventualitäten gewappnet. Selbst wie Sie uns wieder loswerden, können Sie hier nachlesen. (Falls wir uns, was auch vorkommen soll, nicht vorher Ihrer entledigt haben!)

Bleibt mir an dieser Stelle nur noch, Ihnen Waidmannsheil und viel Spaß zu wünschen. Letzteres nicht nur beim Lesen!

Constanze Elsner, München, Mai 1982

Index – wer sucht, der findet

Die Kunst des Flirtens

»Guter Anfang ist halbe Arbeit.«

SPRICHWORT

oder:

»Ich sah sie an, und sie gab den Blick zurück:·
wir faßten uns mit den Augen bei den Händen.«

KURT TUCHOLSKY

Da ist sie endlich. Sie haben die Frau entdeckt, mit der
Sie anbandeln möchten. Was Sie nun nicht tun dürfen,
ist, sich sofort auf sie zu stürzen (außer, ich rate Ihnen in
bestimmten Situationen ausdrücklich dazu!). Worauf es
in den ersten Sekunden und Minuten Ihrer Begegnung
vielmehr ankommt, ist der Augenkontakt. Denn mit
einem Blick und einem Lächeln können Sie oft mehr erreichen, als mit allen guten Sprüchen, die Sie in diesem
Buch finden, zusammen. Oder Sie können im ersten
Augenblick alles kaputtmachen. Dann nämlich:

- wenn Sie Ihre Mundwinkel bewußt zu einem 08/15-
  Lächeln hochziehen: Ihre Augen verraten jeder Frau
  sofort, ob das Lächeln, das Sie ihr schenken, von Her-
  zen kommt oder ob es allein dazu dienen soll, sie »ab-
  zuschleppen«.
- wenn Sie sie mit sturem Gesichtsausdruck anstarren.
- wenn Sie sie mit Ihren Blicken ausziehen.

- wenn Sie sie mit Ihren Blicken abschätzen, als sei sie ein Gegenstand, den Sie kaufen möchten.
- wenn Sie ihr schmachtende Blicke zusenden.
- wenn Sie sie anschauen und sich dabei mit der Zunge über die Lippen fahren.
- wenn Sie ihr zunicken oder ihr mit einer Handbewegung bedeuten, daß sie zu Ihnen kommen soll.
- wenn Sie sie mit Ihren Blicken verschlingen.

Was Sie hingegen lernen müssen, wenn Sie es nicht schon können, ist die Kunst des Flirtens: Das heißt, benutzen Sie die Sprache der Augen! Dabei können Sie freundlich oder verschmitzt lächeln, Sie können ihre Blicke auffangen und sie beantworten. Wenn Sie sich dann irgendwann aufraffen, zu ihr zu gehen, schauen Sie sie an, wenn Sie mit ihr sprechen. Ohne ihr unverwandt in die Augen (geschweige denn in den Ausschnitt) zu starren, versteht sich. Geben Sie sich natürlich. Oder vielmehr, verhalten Sie sich so, wie Sie sind: charmant (aber nicht schmierig), selbstbewußt (aber nicht arrogant), freundlich (aber nicht ängstlich).

Den Blick, mit dem sie Ihren beantwortet, zu interpretieren, dürfte Ihnen, selbst wenn Sie nur ein Quentchen Menschenkenntnis besitzen, nicht schwerfallen. Jeder von uns, auch wenn er nicht Psychologie studiert hat, erkennt instinktiv, was ein anderer ihm mit Blicken zu verstehen gibt. Daraus, ob der Blick, den sie Ihnen schenkt, auffordernd, fröhlich, einladend, kühl, mitleidig, verführerisch, abwertend, kalt, freundlich, unentschlossen, fragend, abweisend, ermunternd, böse, forsch, keß, geheimnisvoll, verschmitzt, liebevoll, verschwörerisch oder warnend ist, resultiert Ihr weiteres Verhalten. Wenn Sie mit einem kühlen Blick bedacht werden, ist noch nicht alles verloren. Aber Sie müssen in einem solchen Fall taktisch anders vorgehen, als wenn sie Ihnen einen einladenden Blick zuwirft. In den meisten Fällen können Sie sogar den Blick, den sie Ihnen schenkt, als Ausgangspunkt zum Anbandeln nehmen:

- »Sie schauen mich so bös an, ich glaube, Sie müssen mich mit jemandem verwechseln, der Ihnen mal auf den Fuß getreten ist ...«
- »Sie haben ein so nettes Lächeln, daß ich mir gedacht habe, ich kann es riskieren, Sie anzusprechen, ohne daß Sie mir gleich eine Ohrfeige versetzen.«
- »Sie schauen mich so kritisch an, sitzt meine Krawatte nicht richtig – oder stimmt sonst irgend etwas nicht?«
- »Wenn Sie immer so verbissen wegschauen, kann ich Sie gar nicht anlächeln ...«
- »Wenn Blicke töten könnten, hätte ich Ihren gerade nicht überlebt. Weswegen wollten Sie mich denn umbringen?«

Das Ziel all Ihrer ersten Bemühungen ist es, ihr ein Lächeln zu entlocken. Wenn Ihnen das gelungen ist, haben Sie das Eis gebrochen und sind auf dem besten Weg, sie etwas näher kennenzulernen. Aber seien Sie vorsichtig, treten Sie ihr nicht gleich zu nahe! Mit anderen Worten: Wenn Sie es geschafft haben, mit ihr die ersten Worte zu wechseln, bewahren Sie körperliche Distanz. Eine Armlänge Abstand ist das mindeste. Kommen Sie auch um Himmels willen nicht auf die Idee, an ihr herumzugrabschen, Ihre Hand auf ihre Schulter (oder um ihre Taille) zu legen oder sie bei der Hand fassen zu wollen. Keine Frau mag es, wenn jemand ihr gleich auf die Pelle rückt. Lassen Sie ihr vielmehr ein wenig Zeit, mit Ihnen warm zu werden. Wenn Sie ihr sympathisch sind, ergibt sich der erste, flüchtige Körperkontakt schon ganz von selbst. Sie werden schon spüren, ob und wann Sie ihr näherrücken dürfen. Halten Sie im Prinzip lieber zehn Minuten länger Abstand, als daß Sie ihr zehn Sekunden zu früh zu nahe kommen. Letzteres führt lediglich zu einer automatischen Abwehr- und Schutzreaktion, die Ihre gesamte Vorarbeit in Sekundenschnelle null und nichtig machen kann.

Wenn bis hierher alles glattgegangen ist, können Sie zur dritten Phase des Anbandelns übergehen: Sie schlagen ihr einen »Ortswechsel« vor. Wenn Sie sie auf einer Party im Wohnzimmer kennengelernt haben und sie dazu bereit ist, mit Ihnen in die Küche zu gehen (und nachzuschauen, ob von dem kalten Buffet noch etwas übriggeblieben ist), haben Sie bei ihr aller Wahrscheinlichkeit nach gute Chancen. Wenn Sie sie in einer Diskothek getroffen haben und Sie mit Ihnen in den Vorraum geht (weil sie bei der lauten Musik nicht versteht, was Sie ihr sagen wollen), haben Sie auch schon fast gewonnen. Wenn Sie sie in einer Kneipe treffen und sie das Lokal mit Ihnen gegen einen Biergarten austauscht, wissen Sie ebenfalls, daß sie sich gern in Ihrer Gesellschaft befindet. Und wenn sie sich von Ihnen, wenn Sie sie in einem Museum oder sonstwo treffen, zu einem Kaffee oder Drink einladen läßt, können Sie auch guten Mutes sein.

Und wenn die Phase III aus Zeitgründen nicht durchführbar ist, müssen Sie sich vorerst darauf beschränken, Ihre Telefonnummern auszutauschen. Damit Sie sich möglichst bald wieder treffen und Ihre erste kurze Unterhaltung fortsetzen können ...

Bei wem klingelt's – das Telefon

»Don't call me – I'll call you.«
ENGLISCHE REDEWENDUNG

Einer der kritischsten Momente des Anbandelns ist der, wenn es darum geht, Telefonnummern auszutauschen. Sie können ihr natürlich jederzeit Ihre Telefonnummer geben. Aber ob sie sie auch benutzt, hängt davon ab, ob sie emanzipiert genug ist, einen Mann anzurufen. Und natürlich davon, wie stark ihr Verlangen ist, Sie wieder-zusehen. Es kann natürlich auch vorkommen, daß Sie zwar gerne »ihre« Telefonnummer hätten, aber die ei-gene aus verschiedenen Gründen nicht herausrücken wollen. In solchen Fällen (Sie sind vermutlich verheira-tet oder leben mit einer anderen Frau zusammen) hilft nur eines: Lassen Sie sich, wenn Sie sie nicht schon ha-ben, Geschäftskarten drucken. So wirken Sie seriös und sind für sie erreichbar, ohne daß Sie gleich in Teufels Küche kommen. Was Sie sich hingegen auf gar keinen Fall leisten können, ist, ihr nur Ihre Büronummer auf einen Zettel zu schreiben. Das würde sie – zu Recht – sofort mißtrauisch machen, und Sie können sich die Mühe gleich sparen. (Während Sie, wenn Sie ihr die Geschäftskarte zeitlich geschickt überreichen, ohne weiteres »vergessen« können, Ihre Privatnummer dar-auf zu schreiben ...)

Wenn »sie« Ihnen ihre Telefonnummer nicht geben möchte, kann das ähnliche Gründe haben. Entweder sie ist verheiratet oder sie ist in festen Händen, aus denen sie gerade im Begriff ist herauszurutschen. Wenn Sie also nur ihre Büronummer bekommen, hüten Sie sich vorerst davor, sich Hals über Kopf in die Dame zu verlieben. Denn es kann durchaus sein, daß sie in Ihnen – zunächst wenigstens – nicht viel mehr als eine willkommene Abwechslung sieht.

Wenn sich solche Komplikationen ergeben, ist es am besten, Sie treffen sofort eine feste Verabredung für einen anderen Tag. Wenn Sie die allerdings platzen lassen, kann es Ihnen passieren, daß Sie die Gute nie wiedersehen.

Ach ja, es gibt natürlich noch einen anderen Grund, aus dem sie Ihnen ihre Telefonnummer nicht geben will: Sie hat, so ungern Sie das hören mögen, kein Interesse an Ihnen ... Wie Sie mit einer solchen Niederlage am besten fertigwerden, das steht in einem anderen Kapitel.

Abgeblitzt? Der zweite Anlauf

»If you at first don't succeed, try, try, try again!«   ENGLISCHES SPRICHWORT

aber:

»Von der Verliebtheit. Von ihr nichts zu bekommen, ist immer noch hübscher, als mit einer andern zu schlafen.«

KURT TUCHOLSKY

Es gibt Frauen und Situationen, da lohnt es sich, selbst wenn man eine Abfuhr bekommen hat, »am Ball« zu bleiben. Wenn »sie« also nicht gerade garstig war (dann interessiert sie Sie sowieso nicht mehr!), können Sie versuchen, doch noch eine Brücke zu bauen. Wie Sie das machen, ist zum großen Teil situationsbedingt, deshalb kann ich Ihnen an dieser Stelle nur mit Anregungen, nicht fix und fertigen Rezepten dienen. Als generelle Regel gilt nur eins: Bemühen Sie sich, sie zum Schmunzeln oder Lachen zu bringen. Dann haben Sie schon so gut wie gewonnen. Sprüche, die Sie bringen können, lauten etwa so:

- »Wollen Sie mich wirklich einfach so abblitzen lassen?«
- »Ich weiß ja selbst, daß ich nicht perfekt bin, aber einiges an mir ist garantiert exzellent.«
- »Sieht so aus, als hätten Sie mich gerade rechtzeitig

erwischt. Ich war gerade drauf und dran, mal wieder Selbstvertrauen zu kriegen.«

- »Okay. Sie verstehen mich nicht, und ich verstehe sie nicht. Was haben wir wohl noch alles gemeinsam?«
- »Es ist auch zu vertrackt. Wenn sie gleich weg sind, fällt mir bestimmt noch was Gutes ein, was ich sagen könnte. Aber dann ist es zu spät.«
- »Können Sie mir bitte ganz kurz schriftlich geben, daß ich trotz all meiner Bemühungen keine Chance bei Ihnen hatte? Vielleicht gibt der Heyne-Verlag mir dann mein Geld für das Buch *Wie man Frauen aufreißt* zurück ...« (Tut der Verlag selbstverständlich *nicht!* Er ist schließlich aufs Geldverdienen angewiesen!)

Was in diesem Kapitel, wie Sie sich sicherlich schon denken können, auch auf gar keinen Fall fehlen darf, sind Verhaltensweisen, die Sie als Gentleman nie und nimmer zeigen dürfen. Dazu gehören patzige Sprüche wie

- »Sie sollten froh sein, daß ich überhaupt mit Ihnen reden will.«
- »So einen Mann wie mich finden Sie bestimmt nicht mehr.«
- »Ich hab den Spruch sowieso nicht so gemeint.«

Es kann natürlich auch sein, daß Sie in die delikate Situation geraten, irgendwo (bei sich oder bei ihr) mit der Frau allein zu sein. Manchmal ergibt es sich eben so: Man trifft sich, unterhält sich, landet in einer Wohnung und redet weiter. Irgendwann ist man dann zu müde, nach Hause zu fahren – oder es lohnt sich sowieso nicht mehr – und bekommt ein Bett angeboten. Ein Bett zum alleine darin schlafen – mehr nicht.

Und was tun dann viele Männer? Sie quengeln und

nerven und bringen die sanfteste Frau der Welt fast soweit, daß sie einen Mord begeht. Sollten Sie also in die obige Situation geraten, freuen Sie sich, daß Sie ein Bett haben, machen Sie die Augen zu und schlafen Sie. Oder tun Sie sonst etwas – nur diese Dinge nicht:

- pausenlos wieder in ihrem Schlafzimmer auftauchen und es doch noch »versuchen«.
- Mitleid erwecken zu wollen. Wenn Sie partout nicht in ihrer Nähe »nur schlafen« können, dann müssen Sie eben nach Hause fahren.
- am frühen Morgen in ihr Schlafzimmer schleichen und sie mit Herumgefummel aufwecken. Der Satz »Ich war doch gestern abend so brav.« zieht nicht.
- die beleidigte Leberwurst spielen und patzig werden. Es gibt nun mal Männer, die wir gerne um uns – aber nicht an uns haben. Wenn Ihnen das zu hoch ist, kann ich Ihnen leider auch nicht helfen.
- in ihr Bett krabbeln und erzählen, Sie wollen »nur« schmusen. Erstens halten Sie Ihr Versprechen doch nicht, und zweitens beweist ein solcher Satz, daß Sie keine Ahnung von Intimität haben. Schmusen setzt nämlich meistens mehr an Gefühl voraus als Sex ...

Merke: Es gibt tatsächlich Frauen, die, wenn sie »nein« sagen, auch »nein« meinen!!!

Der Korb – dann eben nicht

> »Es wär' so schön gewesen,
> Es hat nicht sollen sein.«
>
> VIKTOR VON SCHEFFEL

Manchmal hilft alles nichts – Sie kommen bei der Frau, auf die Sie es abgesehen haben, nicht weiter. Deshalb brauchen Sie aber nicht gleich Ihr gesamtes Selbstbewußtsein einzubüßen. Vor allem dann nicht, wenn Sie alle Spielregeln, die Sie in diesem Buch finden, beachtet haben. Dann liegt der »Fehler« nämlich höchstwahrscheinlich nicht bei Ihnen, sondern bei ihr. Die »Gründe«, weswegen sie Ihnen einen unwiderruflichen Korb gibt, können vielfältig sein:

- Sie liebt einen anderen.
- Sie hat gerade erst eine unglückliche Liebe hinter sich und fürchtet, schon wieder auf die Nase zu fallen.
- Sie wartet auf Warren Beatty.
- Sie mag nur Hippies.
- Sie mag Männer grundsätzlich nicht.
- Sie könnten ihr Vater sein.
- Sie hat auch ohne Sie genug Probleme.
- Sie kann die Spreu nicht vom Weizen unterscheiden. Helen sagt gerade, dafür, daß es leider immer noch Frauen gibt, die sich von einem netten Mann, so einem wie Ihnen, nicht anmachen lassen, dürfen Sie uns nun wirklich nicht verantwortlich machen ...

Und überhaupt: Von einem Korb brauchen Sie sich nun wirklich nicht einschüchtern zu lassen. Sie sehen sie ja eh nicht wieder, was soll's ...

Sollten Sie an diesem Tag oder Abend allerdings von vornherein schlechte Laune gehabt und womöglich noch unter »Erfolgszwang« gestanden haben, brauchen Sie sich über einen definitiven Korb nicht zu wundern. Denn: Ihre (miese und auch gute) Laune überträgt sich auf die Frau, mit der Sie anbandeln wollen. Wie bei einem Verkäufer. (Sie »verkaufen« schließlich auch etwas – sich!) Wenn der etwas unbedingt an den Mann (wie Sie in diesem Fall an die Frau) bringen will, dann klappt es garantiert nicht.

Ergo: Ziehen Sie nur gut gelaunt und guten Mutes los. Notfalls müssen Sie sich vorher Mut machen ...

Komplexe? Kein Problem!

> »Ich stehe manchmal neben mir
> und sage freundlich DU zu mir
> und sag DU bist ein Exemplar
> wie keines jemals vor dir war
> Du bist der Stern der Sterne
> Das hör ich nämlich gerne.«
>
> JÜRGEN SPOHN

All meinen persönlichen Erfahrungen zum Trotz habe ich mir sagen lassen, daß es tatsächlich Männer gibt, die nicht nur schüchtern sind, sondern dazu noch einen riesigen Berg Komplexe mit sich herumschleppen. Sollten Sie zufällig einer von ihnen sein, gibt's nur eins: weg mit den Komplexen, her mit dem Selbstbewußtsein. So schwierig ist der Wechsel gar nicht. Sie müssen nur erst einmal herausfinden, wo es mit Ihrem Selbstbewußtsein hapert.

– Sie halten sich für eine blasse, graue Maus, weil Sie nicht so aussehen wie Paul Newman oder Robert Redford? Dann passen Sie mal gut auf: »Schön« muß ein Mann, den wir mögen (und vielleicht auch lieben) können, gar nicht sein. Gepflegt ja, aber ein Beau nicht. Wenn Sie mir das nicht unbesehen abnehmen (obwohl demoskopische Umfragen es längst bestätigt haben), tun Sie sich einen Gefallen: Machen Sie mal einen Spaziergang, besuchen Sie ein Restaurant, gehen Sie ins Kino – und schauen Sie sich um. Wetten, daß Sie eine Menge Männer entdecken, die nicht gerade umwerfend aussehen und Frauen an ihrem Arm haben nach denen nicht nur Sie sich zweimal umdrehen. Na bitte!

– Sie haben ein spezielles »Schönheitsproblem«? Auch das ist halb so wild:

* Segelohren hat Prinz Charles auch. Und der hat immerhin Dianchen gekriegt. (Sie wollen ihr doch hoffentlich nicht unterstellen, daß sie ihn nur geheiratet hat, weil er der Prince of Wales ist ...?!)

* Graue Schläfen können durchaus interessant sein. (Männer sehen leider immer noch verflixt attraktiv aus, wenn sie die 50 überschritten haben. Sie können Ihre grauen Schläfen getrost mit Fassung und Haltung tragen – wenn Sie sich nicht gerade an Teenager heranmachen wollen. Aber das sollten Sie sowieso nicht.)

* Sie haben gar keine Haare auf dem Kopf? Hat Kojak, alias Telly Savalas, auch nicht. Und sein Frauenverschleiß ist schon fast unanständig!

* Sie haben einen Bierbauch? Trainieren Sie ihn runter! Das ist zwar leichter gesagt als getan, aber wir durchleiden auch Hungerkuren, um für Sie attraktiv zu sein – und zu bleiben!

* Sie sind nur 1,60 m klein? Was soll's! Picasso, Onassis und der berühmt berüchtigte Marquis de Sade waren auch nicht länger! Dennoch waren sie große Männer.

* Sie haben Pickel? Dann sollten Sie schnurstracks zu einem guten Dermatologen gehen und sich von ihm helfen lassen. Mittlerweile ist schließlich gegen jedes Wehwechen ein Kraut gewachsen oder

von der chemischen Industrie zusammenge-
braut.

– Sie haben Komplexe, weil Sie immer rot werden,
wenn Sie eine Frau ansprechen? Da hilft nur eins:
Fürchten Sie sich nicht vor einem eventuellen Korb.
Erstens haben die meisten Frauen gar nichts dagegen,
von einem charmanten Mann wie Ihnen auf nette
oder lustige Art angesprochen zu werden (wie sollte
man sich sonst kennenlernen?), und wenn sie Ihnen
wirklich eine Abfuhr erteilt, wird es höchstwahrscheinlich, wie Sie in dem Kapitel »Der Korb« nachlesen konnten, nicht an Ihnen, sondern an »ihr« liegen.
Dazu kommt: Andere Mütter haben auch schöne
Töchter. Und wenn sie nicht will, dann suchen Sie
sich eben eine andere. »Ihr« Pech – nicht Ihres!

– Sie halten sich ganz generell für eine Null? Nun machen Sie aber mal einen Punkt. Irgendwelche Quali-
täten oder besondere Talente werden Sie schon haben. Und die gilt es dann hervorzuheben. Sie mögen
zwar kein Tennis-As sein, aber Ihr Chili Con Carne
ist das beste weit und breit. Sie mögen das, was Sie
beruflich tun, zwar nicht als die interessanteste Tä-
tigkeit empfinden, aber beim Skifahren sind Sie nicht
zu schlagen.

– Sie wissen nicht, worüber Sie nach dem ersten Satz,
den ich Ihnen zugegebenermaßen vorgekaut habe,
mit ihr reden sollen? Junge, Junge! Irgendein Gesprächsthema wird Ihnen doch noch einfallen:

* Was in der heutigen (gestrigen, morgigen) »Bild-
  Zeitung« die Schlagzeile machte.
* Das Wetter. Egal, ob gut oder schlecht. Das Wetter
  schlechthin. Wie gut, daß es eines gibt.
* Sprechen Sie über »sie«. Und eh Sie sich's versehen,

sind Sie alle Sorgen los. Dann redet nämlich nur sie noch. Alles, was Sie dann tun müssen, ist gut zuhören. Solange Sie das können, ist alles in Butter. – Sie sind absolut mittelmäßig? Häuslich, ungesellig, desinteressiert an einfach allem, spießig, fad? Wer zum Donnerwetter hat Ihnen dann dieses Buch in die Hand gedrückt? Wenn Sie sich nämlich zu gar nichts, absolut nichts aufraffen können, sollten Sie sich keiner Frau, nicht einmal meiner ärgsten Feindin, zumuten!

Nachdem wir nun alle Unklarheiten beseitigt haben, kann es ja endlich losgehen. Nur eines noch: Das Gespür, welche der vielen Methoden Sie bei welcher Frau anwenden, kann ich Ihnen von meinem Schreibtisch aus nicht abnehmen. Aber das ist so ziemlich das einzige, was Sie selbst entwickeln müssen. Nur Mut, Sie kriegen das schon hin – denn es ergibt sich nach einer Weile von ganz allein!

Wo? Auf der Straße

»Erwarte das Unerwartete.«
ENGLISCHES SPRICHWORT

Das Glück liegt nicht nur auf der Straße, es hat manchmal auch zwei Beine und läuft Ihnen über den Weg.
Wenn Ihnen das passiert, müssen Sie schnell handeln.
Bevor die Schöne auf Nimmerwiedersehen entschwun-
den ist. Erlaubt ist hier alles – Not macht erfinderisch.
Das einzige, dem Sie Ihre Taktik anpassen müssen, ist
die Art, wie Sie »ihr« begegnen. Es ist schließlich ein
Unterschied, ob Sie ihr zu Fuß oder mit dem Auto begegnen.

Per pedes

- Sollten Sie das Glück haben, daß »sie« gerade unheim-
  lich viele Einkaufstaschen schleppt, dann nehmen Sie
  sie ihr mit einem charmanten Lächeln einfach ab und
  fragen: »Wo soll's denn hingehen?«
- Läuft sie einfach so herum, stürzen Sie am besten auf
  sie zu, umarmen sie und sagen dann: »Ich konnte
  nicht anders.«
- Sie können auch einfach auf sie zugehen und ihr gestehen, daß Ihnen im Moment kein guter Spruch einfällt. Aber Sie wollten trotzdem erst mal einen Kon-

takt schaffen, bevor sie Ihnen davonläuft und Sie sie vielleicht nie mehr wiedersehen ...

– Sollte sie gerade im Begriff sein, bei Rot über die Straße zu gehen, nehmen Sie sie am besten an die Hand (wenn Sie nicht vor Nervosität Schweißhände bekommen haben, versteht sich) und sagen: »Wenn Sie schon bei Rot über die Straße müssen, sollten Sie wenigstens jemanden haben, der Sie beschützt.«

– Falls Sie zu den ordentlichen Verkehrsteilnehmern gehören, die sich nicht dazu überwinden können, bei Rot über die Straße zu gehen, können Sie sie natürlich am Bordstein festhalten und sagen: »Lieber fünf Minuten zu spät als ein Leben lang tot.« Und Sie dabei mit Ihrem strahlendsten Lächeln bedenken. Sie wollen sie schließlich nicht maßregeln, sondern einen Vorwand finden, sie anzusprechen.

– Sie können natürlich auch vorgeben, an einer demoskopischen Umfrage beteiligt zu sein. Und ihr sagen, daß Sie den Auftrag haben herauszufinden, wie Frauen – wenn überhaupt – auf der Straße am liebsten angesprochen werden. Selbst wenn sie sagt, daß sie sich nie ansprechen läßt, haben Sie gleich ein herrliches Gesprächsthema. Sie müssen nämlich dann unbedingt wissen, warum, wieso, weshalb sie sich nicht auf der Straße ansprechen läßt.

– Sie können auch ganz simpel feststellen, daß Sie beide in dieselbe Richtung gehen – und zu zweit ist es, wie fast immer im Leben, weniger langweilig.

– Sie können sie auch, vorausgesetzt Sie haben einen Aktenkoffer dabei, bitten, denselben kurz für Sie zu halten. Und dann können Sie sagen: »Wo Sie nun beide Hände voll haben, können Sie mir wenigstens keine Ohrfeige geben, wenn ich Sie jetzt frage, wann wir uns wo treffen können – ich möchte Sie nämlich gern kennenlernen.« (Da jede Frau eine Handtasche bei sich trägt, wird sie beide Hände voll haben!)

Motorisiert – Ihr Wagen

Hier kommt es natürlich sehr auf die Umstände an, unter denen Sie »ihr« begegnen. Einige der Zufälle lassen sich provozieren, andere nicht. Welchen der folgenden Tips Sie verwenden können, ist situationsbedingt. Aber falls Sie einmal in diese oder jene (Verkehrs-)Lage kommen, können Sie folgendes tun:

– Sie wollen gerade in Ihren Wagen steigen, als Sie »sie« entdecken. Wenn es die Situation irgendwie zuläßt, steigen Sie wirklich schnell ein und fahren so »ungeschickt« aus Ihrer Parklücke heraus, daß Sie sie (fast) an eine Mauer drücken, ihr (fast) über die Füße fahren. Dann steigen Sie selbstverständlich aus und sagen: »Auf den Schrecken sollten wir erst mal einen Drink nehmen.«

– Sollten Sie die Straße entlangfahren und »sie« in greifbarer Nähe neben Ihnen herlaufen, können Sie anhalten und ihr sagen, sie möchte doch bitte mal kurz stehenbleiben. Dann parken Sie Ihren Wagen irgendwo da, wo er nicht gerade den gesamten Verkehr blockiert (am günstigsten auf dem Bürgersteig – aber fahren Sie keine Fußgänger um!), steigen aus und sagen: »Wo können wir denn jetzt hier in der Nähe einen Kaffee trinken gehen?«

– Diese Masche erfordert nicht viele Requisiten, lediglich eine Chauffeurmütze. Sobald Sie »sie« erspäht haben, halten Sie Ihren Wagen neben ihr an (siehe oben), steigen mit der Mütze in der Hand aus, setzen sie auf den Kopf und sagen: »Tut mir leid, daß ich mich schon wieder verspätet habe. Wo darf ich Sie jetzt hinfahren, Madame?« (Wenn sie zu den vorsichtigen Frauen, die nicht hopplahopp zu einem Fremden ins Auto steigen, gehört – und das wird sie, wenn sie eine Dame ist –, fahren Sie eben vorerst nirgendwo mit ihr hin, sondern gehen gemeinsam einen Kaffee trinken. Oder verabreden, wann Sie sie – das nächste Mal aber »pünktlich« – abholen ...)

– Sie können sie auch fragen, ob sie einen Führerschein hat. Wenn ja (die meisten Frauen haben heutzutage einen), können Sie sie bitten, ob sie Sie ins nächste Café (oder Krankenhaus) fährt. Warum? Ganz einfach: Ihnen ist bei ihrem Anblick so schwindlig geworden, daß Sie, wenn Sie selber fahren würden, ein Verkehrsrisiko darstellen würden. Oder sie hat Ihnen den Kopf verdreht, und den muß der Arzt nun erst mal wieder zurechtrücken ...

Was Sie allerdings nie und unter keinen Umständen tun dürfen: Hinter, beziehungsweise neben, ihr herfahren und aus heruntergekurbeltem Fenster (oder offenem Dach) »Hallo Fräulein!« oder »Wollen sie nicht einsteigen!« schreien. Damit haben Sie, selbst wenn Sie den neuesten Porsche fahren, höchstens bei dem naivsten aller Gänschen Glück. Und Sie hatten es doch, wenn ich mich nicht irre, auf eine Frau abgesehen ...

Motorisiert – ihr Wagen

Wenn Sie zu Fuß unterwegs sind und sie motorisiert ist, müssen Sie schon eine Menge Glück haben, sie zu erwischen, bevor sie Ihnen davonbraust. Aber wer nicht wagt, der nicht gewinnt. Möglich ist alles. Auch hier heißt es: flexibel sein und sich der Situation anpassen. Hier einige Möglichkeiten:

- Laufen Sie ihr ins Auto. Das ist selbstverständlich nur möglich, solange sie Schritt fährt. Das heißt, gerade aus einer Parklücke herausmöchte, am Straßenrand langsam anfährt, etcetera pepe. (Auf den Schrecken brauchen Sie ein Glas Wasser – oder auch einen Drink.)
- Wenn Sie sie irgendwo einparken sehen, können Sie ihr anbieten, den Job für sie zu übernehmen. Vor allem bei winzigen Parklücken sind wir für solche Angebote recht dankbar. (Allerdings erst, wenn Sie ein paar Minuten lang beobachtet haben, wie wir uns abmühen!)
- Im Winter sind Sie immer willkommen, dabei zu helfen, den Wagen anzulassen, bevor er uns völlig absäuft.
- Wenn Sie »ihren« Wagen kennen, sie ihn kurz geparkt hat und bald wieder zurückkommen muß, können Sie dort auf sie warten. Dann können Sie ihr sagen, daß Sie dagegengerannt sind und keine Fußgängerflucht begehen wollten, falls sie nun einen Kratzer oder eine Beule entdeckt. (Vorsicht: Diese Nummer sollten Sie prinzipiell nur bei Autos ohne Kratzer und Beulen anwenden – sonst könnte Sie das Unternehmen teuer zu stehen kommen.)
- Wenn Sie »ihren« Wagen kennen, können Sie auch einen Zettel unter den Scheibenwischer klemmen. Text wie oben. Nur diesmal bitten Sie um ihren Anruf, um den Schaden zu besprechen. (Auch wenn sie keine Beule findet, wird sie sich höchstwahrscheinlich melden – vorausgesetzt, Ihre Handschrift ist ihr sym-

pathisch –, um Ihnen zu sagen, Sie brauchten sich keine weiteren Sorgen zu machen ...)
- Sie können Sie, an einer Ampel etwa, auch bitten, mal kurz rechts ranzufahren. Um ihr dann zu sagen, was immer Sie ihr sagen wollen ...

Motorisiert – Sie beide

Hier macht es natürlich einen Unterschied, ob Sie ihr im Stadtverkehr oder auf einer Autobahn begegnen. Als wichtigste Spielregel gilt:

- Jagen Sie sie nicht. Dieses Überhol-Abbrems-Spielchen zeugt von Einfallslosigkeit und Dummheit dazu. Und es nervt ganz ungeheuerlich, wenn man auf der Straße – gleichgültig welcher – einen so rücksichtslosen Fahrer neben, vor und hinter sich hat.

Solange Sie allerdings auch am Steuer ein Gentleman sind, ist es zwar nicht unbedingt ein Kinderspiel, aber doch im Bereich des Möglichen, die Frau im anderen Auto kennenzulernen. Situationen, die sich ergeben können, sind:

- Sie entdecken Ihre Traumfrau auf der Autobahn. Da können Sie nur hoffen, daß Sie beide noch so lange in einer Richtung fahren, bis sie tanken muß. Und daß Sie noch genügend Benzin haben (und ein entsprechend schnelles Auto), um ihr bis zu der Tankstelle, an der sie Rast macht, folgen zu können. Da können Sie sie dann zu einem Kaffee einladen.
- Sie sichten die Frau, die Sie unbedingt kennenlernen wollen, im Stadtverkehr. Auch hier bleibt Ihnen nur zu hoffen, daß Sie Zeit haben. Dann können Sie ihr nachfahren – und ihr, wenn sie hält, sagen, daß Sie ihr

einfach folgen mußten. (Vorausgesetzt, es stürmen keine vier Kinder aus dem Haus, um Mami zu begrüßen!)

- Sie können auch bei Rotlicht aus Ihrem Wagen springen und sie fragen, ob sie einen Reservekanister Benzin hat. Ihres ist Ihnen nämlich gerade ausgegangen ... (Frauen neigen dazu, gefüllte Reservekanister im Auto zu haben. Man kann ja nie wissen, wer einen mal danach fragt ...)

- Dieses Spielchen können Sie auch auf der Landstraße durchexerzieren. Da müssen Sie ihr allerdings vorher Blinkzeichen geben, daß sie mal halten möchte.

- Sie können sich ihre Autonummer aufschreiben und dann versuchen, ihre Adresse herauszubekommen, und sie dann anrufen. (Falls der Wagen auf Hans Schmidt zugelassen ist, können Sie sich das Telefonat vermutlich sparen.)

- Wenn Sie »sie« an einer Tankstelle treffen, können Sie sie leicht in ein Gespräch über ihr Auto, die Benzinpreise, sonstwas verwickeln.

- Auch das gibt es nicht nur im Film: Falls Sie ein geschickter Autofahrer sind und ein paar Mark in die Angelegenheit investieren können, dürfen Sie ganz vorsichtig ihr Rücklicht anfahren. Aber nur das Rücklicht! Den Schaden machen Sie selbstverständlich wieder gut ...

- Sie können sich auch, wenn »sie« irgendwo geparkt hat, so vor ihren Wagen stellen, daß sie nicht wieder wegfahren kann. Wenn Sie sie nicht zu lange warten lassen (sonst könnte sie aggressiv werden!), tauchen Sie außer Atem aus dem Nichts auf, entschuldigen sich für die Unannehmlichkeit – und laden Sie als Wiedergutmachung zu einem Kaffee ein.

Wo? In Restaurants, Kneipen, Bars

> »Und endlich treffen wir uns – bei Champagner und Hühnchen.«
>
> LADY MARY WORTLEY MONTAGU

Wenn eine Frau alleine in einem Restaurant sitzt, (in diesem Falle alles ab Bistro aufwärts), dann kann das im Grunde nur drei Gründe haben:

- Sie war verabredet – und ist versetzt worden.
- Sie hat so gute Nerven, daß ihr Sashimi und Sukiyaki selbst dann noch munden, wenn sie vom Personal und von den Gästen wie das achte Weltwunder – oder schlimmer noch, mitleidig – angestarrt wird.
- Sie nimmt ihre Henkersmahlzeit ein. Wenn sie das Lokal verlassen hat, fährt sie mit einem Taxi zum Fernsehturm und stürzt sich hinunter.

Sonst fällt mir wirklich nichts ein, weshalb sich eine noch so emanzipierte Frau alleine in ein gepflegtes Restaurant setzen würde. (Hotelrestaurants sind hier selbstverständlich ausgenommen. Aber Sie sind ja nicht auf Geschäftsfrauen auf der Durchreise aus – oder doch?) Abends überhaupt nicht und mittags nur sehr schwer.

Wenn Sie also in einem guten Restaurant eine noch

bessere Frau aufreißen wollen, müssen Sie sich wohl oder übel darauf einstellen, daß Sie es zunächst einmal mit mehr als nur einer zu tun haben werden. Denn wenn »sie« schon nicht in männlicher Begleitung ist, so wird sie doch höchstwahrscheinlich in weiblicher sein. Bei zwei, und eventuell auch drei Frauen, stehen Ihre Chancen, daß Sie bei einer von ihnen landen können, noch relativ gut. Sich zu vier und mehr Frauen zu gesellen, halte ich für Zeitverschwendung. Obwohl natürlich hier wie überall Ausnahmen die Regel bestätigen. (Ein Quartett und alles darüber ist fast schon als »Geschlossene Gesellschaft« zu bezeichnen, aus der Sie, zumindest im Endeffekt, aller Wahrscheinlichkeit nach ausgeschlossen bleiben. Vor allem dann, wenn Sie alleine »arbeiten«.)

Eine Frau alleine

Zunächst müssen Sie hier wie überall nach dem üblichen Augenkontaktspielchen den Eindruck haben, daß Ihr Annäherungsversuch zumindest nicht unerwünscht ist. Dann hängt Ihre Taktik davon ab, wer von Ihnen zuerst im Restaurant war – vielleicht sogar schon gegessen hat – und wer bei welchem Gang ist. Es kann schließlich passieren, daß Sie schon beim Kaffee sind und sie gerade eben erst zur Tür hereingekommen ist. Oder umgekehrt. Genausogut ist es möglich, daß Sie beide noch an der Bar stehen oder sitzen – und Sie das feste Gefühl haben, daß sich – außer hoffentlich Ihnen – niemand mehr zu ihr zum Essen gesellt ...

– Noch sitzen Sie beide an der Bar, und sie ist drauf und dran, an ihren Tisch zu gehen:
  Fragen Sie sie einfach, ob sie unbedingt alleine essen

möchte oder ob Sie sich zu ihr gesellen dürfen. Alleine schmeckt es Ihnen nämlich nie so gut wie in netter Gesellschaft ... Fragen Sie sie, ob sie die Dame ist, mit der Sie verabredet sind. Die Bekannte von dem Bekannten, die heute morgen angerufen hat, weil sie einen Abend in der Stadt ist und die Sie (weil Sie wissen, wie's allein in fremden Städten ist) zum Essen eingeladen haben. Natürlich ist sie es nicht – aber vielleicht würde sie dennoch gern mit Ihnen essen. Wenn die andere noch kommt, ist man eben zu dritt. (Wenn Sie ganz geschickt sind, bringen Sie es irgendwie fertig, sich ausrufen zu lassen. Dann war natürlich besagtes Blind Date am Telefon und hat netterweise abgesagt, weil sich etwas anderes ergeben hat ...)

- Sie essen gerade Ihre Vorspeise, als »sie« das Restaurant betritt. Viele Möglichkeiten haben Sie in diesem Fall nicht. Vor allem dann nicht, wenn Sie keinen Augenkontakt herstellen können. Es gibt aber eine Notlösung: Sie schreiben ein Zettelchen – am besten nehmen Sie dazu die Rückseite Ihrer Visitenkarte: »Die Escargot sind vorzüglich« und lassen ihr den »Gruß« vom Kellner geben, während sie die Speisekarte studiert.
- Wenn Sie schon beim Hauptgang oder Kaffee sind, wenn »sie« das Lokal betritt, können Sie ihr gleich einen ganzen Menü-Vorschlag machen ...
- Sie sitzt allein am Tisch, und Sie kommen gerade erst herein. Wenn sie Sie nicht mit dem abweisendsten aller Blicke bedenkt, können Sie fragen, ob Sie sich zu ihr setzen dürfen. Wer ißt schließlich schon gern allein.
Sie können sie natürlich auch fragen, was sie Ihnen zu essen empfehlen kann ...

- Wenn sie schon bei der Nachspeise ist und Sie sie, nachdem Sie auch schon gegessen haben, entdecken, können Sie auf sie zugehen und sagen: »Ich kann es gar nicht mitansehen, wie Sie dieses klebrige Zeug (vorausgesetzt, es ist was Süßes!) essen. Wenn Sie beim Kaffee angelangt sind, komme ich wieder ...« Dann machen Sie auf dem Absatz kehrt – und sind natürlich zum Kaffee wieder zur Stelle. Mit Ihrem charmantesten Lächeln, versteht sich ...

- Wenn Sie beide noch nicht gegessen haben, können Sie sie einfach fragen, ob sie auch Appetit auf Chateaubriand oder eine Auswahl gegrillter Fische – oder sonst ein Gericht für zwei Personen hätte ... Ihnen ist gerade so danach – aber für Sie allein lohnt es sich nun wirklich nicht! Dazu können Sie sie einladen – aber falls sie darauf besteht, für sich selber zu zahlen, lassen Sie sie.

Mehrere Frauen

Günstig ist die Situation nicht – »je alleiner desto besser« erklären alle großen Aufreißer, mit denen ich mich unterhalten habe. Aber möglich ist es, und das weiß ich wiederum aus eigener Erfahrung. Wichtig ist in diesem Fall allerdings, daß Sie ein besonderes Feingefühl für die Beziehung, in der die zwei oder drei Frauen zueinander stehen, entwickeln. Bei einem Geschäftsessen mit einer Verlegerin könnten Sie Mr. Superman höchstpersönlich sein – und würden von ihr und mir eine freundliche, aber bestimmte Abfuhr bekommen. Erwischen Sie mich hingegen mit meiner Freundin Helen oder Monika oder auch beiden, sieht die Sache schon anders aus. Was Sie in so einem Fall unternehmen könnten?

- Sie können uns (es sei denn, Sie spüren, daß wir gerade weltbewegende Probleme wälzen) erzählen, daß wir einen so gut aufgelegten Eindruck machen, daß wir Ihnen sicherlich keinen Korb geben, wenn Sie sich zum Kaffee zu uns gesellen.
- Sie können uns auch sagen, daß Sie sich grün und blau ärgern würden, wenn wir verschwinden, bevor Sie den Mut aufgebracht hätten, uns anzusprechen...
- Sie können uns zum Dessert einladen: »Diese vorzügliche Zuppa Pavese müssen sie unbedingt kosten ...«
- Sie können uns auch sagen, daß wir das beste sind, was Ihnen heute – oder in der letzten Woche – begegnet ist. Und daß Sie endlich mal unter *Menschen* möchten.
- Wenn Sie unsere Unterhaltung bruchstückweise mitbekommen haben, können Sie auch irgendeinen Kommentar abgeben. Aber keinen dummen, sonst vergraulen Sie uns ...
- Und dann können Sie uns noch anbieten, die nächste Karaffe Wein mit Ihnen zu teilen. Das sind doch schon mal Vorschläge für den Anfang, finden Sie nicht auch?

Kneipen

Hier haben Sie ein leichtes Spiel. Nichts ist einfacher, als sich in einer Kneipe oder einem Biergarten zu der Frau zu gesellen, auf die Sie es abgesehen haben. An solchen Orten redet sowieso jeder mit jedem. Sollte an »ihrem« Tisch kein Platz mehr sein, müssen Sie sich natürlich was anderes einfallen lassen. Auch dann, wenn »sie« erst später auftaucht und sich nicht von alleine zu Ihnen setzt. Sprüche, die Sie, wenn Sie auf »sie« losgehen, klopfen können, sind unter anderen:

- »Ich würde gerne mit Ihnen reden, ich weiß nur nicht, über was. Aber vielleicht fällt Ihnen was ein.«
- »Da bist du ja endlich!« (Mit diesen Worten umarmen Sie sie einfach, als sei es das Normalste von der Welt.)
- »Haben sie schon mal was von Synchronismus gehört?« (Hat sie wahrscheinlich nicht. Und dann erklären Sie ihr, daß Synchronismus der Zufall ist, der eben kein Zufall ist. Und daß Sie nun wissen, warum es Sie, obwohl Sie eigentlich ganz etwas anderes vorhatten, unwiderstehlich in die Kneipe, den Biergarten gezogen hat. Weil »sie« da ist, natürlich!)
- Sie können sie natürlich auch, wenn Sie mit einem Freund zusammen sind, bitten, den Schiedsrichter zu spielen. Dazu müssen Sie sich nur irgendeine alberne Wette einfallen lassen, zu der sie die Antwort weiß. (Etwa: »Wir streiten uns gerade darum, ob die Hauptstadt der Schweiz Zürich oder Bern ist.« Wenn sie daraufhin »Genf« sagt, bedeutet das allerdings eine elegante Abfuhr!)
- Sie können, falls Sie und sie zu der Altersgruppe, die gern flippert, gehören, einfach fragen, ob sie mit Ihnen beziehungsweise gegen Sie spielen will. Immer gegen sich selber zu spielen ist auf die Dauer langweilig.
- Sie können sie, falls ein Billardtisch vorhanden ist, zu einem Spiel einladen. Und ihr notfalls zeigen, wie man's macht.
- Sie können sie fragen, ob sie Kleingeld für den Zigarettenautomaten oder das Telefon hat. Die Kellner sind zu genervt und zu beschäftigt, um zu wechseln.
- Sie können sie fragen, ob sie Hunger hat. Sie sind gerade im Begriff, sich etwas zu essen zu bestellen – und alleine essen Sie so ungern.

Bars

Daß Sie hier normalerweise die Frauen aufreißen, die sich aufreißen lassen wollen, ist Ihnen hoffentlich klar. Wenn Ihnen das – Ausnahmen bestätigen wie immer die Regel – gerade recht ist, kann es ja losgehen. Frauen, die sich wie es in »Wie du mir, so ich dir« beschrieben ist, verhalten, sind besonders leicht erjagbares Wild. Sollten Sie jedoch keines der dort angegebenen Anzeichen feststellen, müssen Sie mal wieder selbst die volle Initiative ergreifen. Was Sie *nicht* tun, ist, ihr einfach einen Drink hinstellen zu lassen oder den Kellner zu bitten, sie zu fragen, was sie trinkt. Das ist nun wirklich zu plump und unter Ihrer Würde. Statt dessen können Sie

- ihr sagen, daß Ihnen danach ist, irgend etwas (das Wetter, die Tatasche, daß Sie heute keinen Ärger im Job hatten, den Geburtstag Ihres Freundes in New York ...) zu feiern. Ob sie so nett wäre, mit Ihnen auf – was immer Sie erfunden haben – anzustoßen?
- ihr einfach sagen, daß Sie es schrecklich finden, daß jeder von Ihnen so alleine da herumsitzt. Wenn man sich zusammentäte, wäre es doch gewiß viel amüsanter.
- sich einfach zu ihr setzen und sagen, daß sei immer noch besser, als daß eine der düsteren Gestalten, die sich ebenfalls in der Bar befinden, sich an sie heranmacht. Bei Ihnen sei sie wenigstens gut aufgehoben ...
- sie – je nachdem, wie spät es ist – fragen, ob sie Lust hat, mit Ihnen sonstwo essen zu gehen. Letztlich hätten Sie die Bar nur aufgesucht, um einen Aperitif zu nehmen und dann irgendwo gemütlich zu dinieren. In ihrer Gesellschaft würde das aber gewiß unterhalt-

samer sein, als wenn Sie allein auf Ihrem Kaninchen in Rotwein herumkauen müßten.

- Sie können sie natürlich auch fragen, was man in dieser Stadt (in der Sie fremd sind) so alles unternehmen kann. (Wo es ein gutes Jazz-Lokal oder sonstwas gibt.) Falls sie fremd ist, können Sie ihr anbieten, ihr die Stadt zu zeigen. (Damit sie Hamburg in netter Erinnerung behält und es nicht mit einer Bar, in der sie sich die Zeit vertreiben mußte, identifiziert.) Sollten Sie sich beide in Hannover nicht auskennen, können Sie sie ja fragen, ob sie unternehmungslustig ist und die Stadt mit Ihnen zusammen erkunden möchte.

Der Freund: Helfer oder Rivale?

>»Groß ist das Werk, aber gelingen wird es den vereinten Kräften.«

RITTER JOSEPH VON BERGMANN

aber:

>»Gott beschütze mich vor meinen Freunden; mit meinen Feinden will ich schon selbst fertig werden.«

MANLIUS BASILEAE

Mit Freunden zu »arbeiten«, ist ein zweischneidiges Schwert. Einerseits können Freunde die Sache ungemein vereinfachen, andererseits kann es Ihnen passieren, daß die Frau, die Sie aufreißen wollten, plötzlich mit Ihrem Freund Arm in Arm davongeht. Wie Sie eine solche Panne verhindern und Ihre Freunde »richtig einsetzen« können, ist eine der wichtigsten kurzen Lektionen dieses Buchs.

Gute Freunde

- sind alle diejenigen, die sich nicht für die Frau, die Sie aufreißen wollen, interessieren.
- sind auch diejenigen, die eine gute Frau dermaßen nerven, daß Sie (der vornehme Zurückhaltung geübt hat) der sind, in dessen Arme sie flüchtet.
- können auch weibliche Wesen (vorzugsweise die ei-

gene Schwester oder deren Freundin, zu der Sie eine platonische Beziehung haben!) sein. Denn: Wenn Sie mit einer Frau unterwegs sind, wirken Sie automatisch »seriös«. Wenn bereits eine Frau an Ihrer Seite ist, lassen andere weibliche Wesen sich oft müheloser ansprechen. Sie müssen nur im Verlauf der Unterhaltung klarstellen, daß die weibliche Begleitung, in der Sie sich befinden, nicht mehr und nicht weniger als eine »gute Freundin« ist.

- sind auch diejenigen, die sich um die anderen Frauen kümmern, in deren Gesellschaft sich die »Ihre« befindet. So hat sie kein schlechtes Gewissen, sich Ihnen zu widmen und ihre Freundin(nen) zu vernachlässigen.

Schlechte Freunde

- sind die stillen, schüchternen Männer in Ihrer Runde. Weil sie es scheinbar nicht nötig haben, sich anzupreisen, wecken sie einen Urinstinkt der Frau: ihre Neugierde.
- sind das Gegenteil von guten Freunden. Also alle die, die Sie die ganze »Arbeit« machen lassen und Ihnen die Frau dann schwuppdiwupp wegschnappen.

Ein guter Spruch zu jeder Zeit

»Geh den Weibern zart entgegen: Du ge-
winnst sie, auf mein Wort; Und wer rasch
ist und verwegen, Kommt vielleicht noch
besser fort.«

GOETHE

Welche Sprüche bei welchen Gelegenheiten am besten funktionieren, haben Sie mittlerweile schon zum Teil gelernt. Hier noch ein paar Sprüche mehr, die Sie, im richtigen Tonfall versteht sich, so gut wie immer und überall anwenden können:

»Sie müssen doch sicherlich irgendwann mal was essen – wenn Sie das mit mir tun, können Sie mich kennenlernen, ohne daß Sie irgendwelche Zeit verlieren. Ist das nicht ein faires Angebot?«

»Heute abend schaue ich mir die Zauberflöte (Dr. Hook, Elton John, Harold and Maude, . . .) an, dann geh ich japanisch (italienisch, französisch, spanisch . . .) essen, dann trink ich zu Hause Irish Coffee (Tequila, Pina, Colada, Champagner, . . .) und geh' ins Bett. Wenn Ihnen das alles auch Spaß machen würde, sind Sie herzlich eingeladen, mitzukommen.«

»Sie sehen ganz so aus, als wollten Sie mich zu einem Kaffee (einem Tee, einem Drink, . . .) einladen!«

»Wenn ich Sie jetzt nicht nach Ihrer Telefonnummer frage, ärgere ich mich noch wochenlang grün und blau, daß ich zu feige war, Sie einfach anzusprechen.«

»Man hat Ihnen sicherlich beigebracht, sich nicht von fremden Männern ansprechen zu lassen. Ich heiße Peter (Michael, Florian ...), wohne seit drei (vier, fünf, ...) Jahren in München (Hamburg, Essen, ...), bin 24 (28, 33, ...) Jahre alt und hoffe, daß ich Ihnen jetzt nicht mehr ganz so fremd bin und wir uns zu einem Kaffee (einem Drink) verabreden können.«

»Das ist meine Telefonnummer. Ich würde mich freuen, wenn Sie mich mal anrufen würden. Oder wäre es Ihnen lieber, wenn Sie mir Ihre geben und ich Sie anrufe?«

»Welches sind Ihre Lieblingsblumen? Maiglöckchen (Rosen, Tulpen, ...) – na prima. Jetzt müssen Sie mir nur noch sagen, wo ich sie hinschicken soll, damit Sie sie auch bekommen.«

»Schade, daß Sie keinen Hund bei sich haben. Warum? Weil ich dann einen guten Spruch gewußt hätte, um mit Ihnen ins Gespräch zu kommen.«

Was keine Frau hören möchte

»Never, never, never, never, never.«
KÖNIG LEAR, SHAKESPEARE

Erraten! Was Sie auf diesen Seiten lesen, sind Sprüche, die so dumm sind, daß Sie sie niemals, niemals, niemals, niemals, niemals anbringen dürfen. Denn selbst eine Frau, die einem Annäherungsversuch Ihrerseits nicht abgeneigt wäre, würde sich so beleidigt fühlen, daß kein Geistesblitz der Welt das Unternehmen retten könnte: »Sie« würde nämlich gar nicht mehr hinhören ... Unter keinen Umständen dürfen Sie ihr also sagen:

- »Hat Ihnen schon mal jemand gesagt, daß Sie schöne Augen haben?« (Glauben Sie etwa, sie hat auf Sie gewartet, um das zu hören? Anders ist es, wenn Sie es als Tatsache feststellen. »Sie haben schöne Augen« ist gerade noch zu sagen erlaubt ...)
- »Sind Sie Fotomodell?« (Ist sie natürlich nicht, und geschmeichelt fühlt sie sich durch so eine plumpe Frage bestimmt nicht!)
- »Wissen Sie, daß Sie Grübchen haben, wenn Sie lachen?« (Natürlich weiß sie es. Wenn Ihnen jetzt schon nichts besseres einfällt, wird sie – zu Recht wahrscheinlich – annehmen, daß Sie sie sonst auch schnell

langweilen werden. Hingegen erlaubt ist »Ich mag Ihre Grübchen, wenn Sie lachen ...«)

- »Kennen wir uns nicht?« (Bevor Sie so einen Spruch von sich geben, sagen Sie lieber gleich, was Sie wollen!)
- »Sie wissen ja gar nicht, was Sie verpassen, wenn Sie jetzt nicht mit mir essen gehen (tanzen, schlafen).« (Will sie auch gar nicht wissen, wenn Sie sich so verzweifelt anpreisen müssen!)
- »Wollen Sie zum Film ...?« (Vielleicht möchte sie das sogar wirklich, aber von Ihnen will sie sicherlich nicht gefilmt werden!)
- »Meine Frau versteht mich nicht.« (Ohne Kommentar)
- »Meine Frau versteht mich.« (Noch schlimmer.)
- »Wenn Sie mich nicht erhören, stürze ich mich vom Eiffelturm.« (Tun Sie's doch, wenn Sie so hirnrissig sind.)
- Unterstehen Sie sich, ihr nachzupfeifen. Sie ist eine Frau, kein Hund.
- »Wollen Sie um mich würfeln oder sich um mich prügeln?« ist einer der dümmsten Sätze, die Sie, wenn Sie mehreren Frauen begegnen, bringen können. Wenn Sie schon so anfangen, besteht nämlich die Gefahr, daß Sie den ganzen Abend nur von sich reden ...
- »Ich bin heute im Sonderangebot« ist ebenso schwachsinnig. Ein Mann, der nicht weiß, daß er wer ist, interessiert die meisten Frauen nicht.
- »Sie können mich ruhig zu einem Kaffee zu sich nach Hause einladen – ich bin sowieso impotent.« So einen Spruch unterlassen Sie hoffentlich auch. Denn selbst wenn Sie, was bei solchen Sprücheklopfern meistens der Fall ist, nicht impotent sind, ist die Wahrschein-

lichkeit, daß Sie einen lausigen Liebhaber abgeben, enorm groß ...

– »Ich weiß ja, daß anständige Mädchen sich nicht ansprechen lassen, aber ...« (Nix wissen Sie, absolut gar nichts!)

Wo? Am Arbeitsplatz

»Das, was du suchst, findest du immer da,
wo du es am wenigsten vermutest.«

ARTHUR BLOCH: BOOB'S LAW

Wenn Sie nicht gerade Leuchtturmwächter oder Zucht-
hauswärter in San Quentin sind, dann ist die Chance,
daß Sie nicht nur eine, sondern gleich eine ganze Hand-
voll Frauen an Ihrem Arbeitsplatz treffen, immer gegeben. Wenn Ihnen in Ihrer beruflichen Umgebung bisher noch keine Frau begegnet ist, für die Sie sich interessiert haben, dann liegt das entweder daran, daß Sie
vor lauter Bäumen den Wald nicht sehen, oder aber (in
den seltensten Fällen!) daran, daß da tatsächlich keine
ist, die für Sie bemerkenswert wäre. Und selbst wenn
letzteres der Fall sein sollte, ist auch hier noch alles drin:
Ihre Kollegen und Kolleginnen haben gewiß Ge-
schwister und Freunde (Freundinnen), die Sie ganz interessant finden würden. Wenn es Ihnen also nicht liegt,
sich in Museen, Kaufhäusern, Restaurants oder anderen Plätzen nach einer Frau umzutun, machen Sie einfach folgendes: Geben Sie eine Party, zu der Sie Kollegen und Kolleginnen mitsamt allen weiblichen Wesen,
die sie nur zusammentrommeln können, einladen. Ein
paar Männer laden Sie selbstverständlich auch ein. Aber
weil es Sinn und Zweck der Fete ist, daß Sie eine Frau

finden, beschränken Sie die geladenen Männer auf solche, die bereits eine feste Freundin haben – und ihr auch treu sind. Derlei Parties, in regelmäßigen Abständen gegeben, dürften Sie innerhalb kürzester Zeit so weit bringen, daß Sie einen Terminkalender führen müssen, um Ihre Verabredungen nicht zu verpassen – oder gar zu verwechseln.

Gelegenheiten, sich mit den verschiedensten Leuten an Ihrem Arbeitsplatz anzufreunden, gibt es mehr als genug.

– Der gestreßten Sekretärin können Sie sagen, daß sie ganz so aussieht, als könne sie einen Kaffee gebrauchen – und ihr auch prompt einen (mit Milch und Zucker?) bringen.

– Vor Büroschluß formulieren Sie den Spruch natürlich um. Diesmal erzählen Sie ihr, daß sie so aussieht, als könne sie einen Drink vertragen. Und zu dem laden Sie sie dann ein.

– Selbst wenn die Frau, auf die Sie es an Ihrem Arbeitsplatz abgesehen haben, Sie bisher scheinbar noch nicht bemerkt hat, können Sie sie fragen, ob sie nicht Lust hätte, mit Ihnen zu Mittag zu essen. Selbst wenn Ihnen nur Zeit bleibt, gemeinsam in die Kantine zu gehen – immerhin haben Sie sie so schon einmal an Ihrer Seite und können mit ihr reden.

– Sollte »sie« in einer anderen Abteilung, einem anderen Stockwerk arbeiten wie Sie, so können Sie sie fragen, wo sie – wenn sie nicht gerade wie jetzt im Moment neben Ihnen im Lift steht – zu finden ist. Und da tauchen Sie dann im Laufe des Tages mal auf und sagen »hallo!«.

– Bürofeiern sind auch immer eine gute Gelegenheit, die Frau, die Sie auch außerhalb der Arbeitsstunden gern treffen möchten, anzumachen. Der Liebhaber meiner Freundin Michaela nahm eine solche Gelegenheit wahr: Als sie dem Geburtstagskind einen freundschaftlichen Kuß gab, zog Oliver Michaela mit den Worten: »Oh, ich wollte auch schon immer von Ihnen geküßt werden« an sich. Da küßte sie ihn dann eben – und küßt ihn heute immer noch. Und das, obwohl sie ihn fast ein Jahr lang ignoriert hatte!

– Sie können natürlich auch die Nummer bringen, mit der sich meine Freundin Helen von Michael (zeitweilig) einfangen ließ. Beruflich kannten sich die beiden schon eine ganze Weile – aber zu mehr als einem Glas Wein nach Büroschluß war es in dem ganzen halben Jahr nie gekommen. Als sie wieder mal nach Redaktionsschluß ein Glas Wein miteinander tranken, schaute er sie einfach eine Zeitlang wortlos an. Als sie ihn schließlich fragte, worüber er grüble, sagte er: »Ich denk drüber nach, wie ich dir sagen soll, daß ich gern mit dir schlafen möchte.« Alles weitere dürfen Sie sich denken.

– Sie können Ihrer Auserwählten auch jeden Morgen eine schöne Rose auf den Schreibtisch stellen. Das tun Sie so lange, bis sie so früh am Arbeitsplatz auftaucht, daß sie herausfindet, wer der Rosenkavalier ist. (Keine Angst, sie wird es wissen wollen. Ab dann haben Sie, wenn Sie ihr nicht total unsympathisch sind, leichtes Spiel. Die tägliche Rose bekommt sie natürlich weiterhin. Die ist schließlich mittlerweile zu Ihrem »Markenzeichen« geworden.)

Am einfachsten ist es natürlich, Frauen kennenzulernen, wenn Sie einen Beruf haben, der Sie täglich – oder so gut wie täglich – mit neuen Menschen zusammenbringt. Alle dieser heißen Berufe aufzuführen würde an dieser Stelle zu weit gehen. Aber ein paar Beispiele dafür, wie Sie Ihren Spruch situationsbedingt zurechtbasteln können, sollen Sie als Anregung mit auf den Weg bekommen:

Staubsaugervertreter

»Eigentlich wollte ich Ihnen ja diesen Staubsauger verkaufen. Aber dazu habe ich im Moment gar keine Lust. Statt dessen würde ich viel lieber mit Ihnen essen gehen ...«

Scheidungsanwalt

»Wenn sie möchten, stelle ich mich gerne als Scheidungsgrund zur Verfügung.«

Politiker

»Unter dem Siegel der Verschwiegenheit: Die Weltsituation ist so kritisch, daß ich mich an ihrer Stelle lieber heute als morgen noch so ausgiebig wie möglich amüsieren würde ...«

Kellner

»Wenn sie mich nicht verraten, zeige ich ihnen morgen Abend ein Restaurant, in dem sie noch besser (und preisgünstiger) essen können, als in diesem hier!«

Versicherungsangestellter

»Ich kann sie gegen Feuer, Wasser, Unfall (undsoweiter) versichern, – nur gegen eins nicht: daß der Irish Coffee, zu dem ich sie hiermit einlade, nicht doch mit schottischem Whisky gemacht ist.«

Psychiater

»Also das ist wirklich kompliziert. Wechseln wir erst einmal die Umgebung und dann fangen sie mit ihrer Lebensgeschichte noch einmal von vorne an ...«

Praktischer Arzt

»Ich fürchte, ich muß sie an einen Kollegen verweisen. Familienmitglieder (oder solche, die es werden könnten) behandele ich nämlich nicht.«

Verlagsleiter

»Ich bin so überarbeitet, daß mir für das bißchen Freizeit, das ich habe, kein sofort wirksamer Spruch mehr einfällt. Schreiben sie doch mal ein Buch, wie man Frauen aufreißt.«

Musiker

»Ob du's glaubst oder nicht, it's only Rock'n Roll.«

Roadie

»Wenn du willst, zeig ich dir gleich die Garderobe von Mick Jagger ...«

Alles, was Sie also tun müssen ist, wenn alles andere nicht mehr hilft: Auf einen der oben erwähnten Berufe umsatteln. Oder einen ähnlich kontaktfreudigen. Oder sich arbeitslos melden:

Arbeitsloser

»Ist es nicht herrlich, daß wir beide so viel Zeit haben, uns gründlich kennenzulernen und uns miteinander 24 Stunden am Tag zu vergnügen?«

Wo? Auf Parties und ähnlichen Geselligkeiten

»Man muß die Feste feiern,
wie die Mädchen fallen.«

(ABGEWANDELTES)
DEUTSCHES SPRICHWORT

Lieben Sie Parties? Wenn ja, dann wissen Sie sicherlich schon, wie man dort Frauen aufreißt. Oder haben Sie sich bisher nicht getraut, weil immer gerade diejenige, die Ihnen besonders gut gefallen hat, in Herrenbegleitung war?

Wenn das so ist, dann haben Sie wahrscheinlich nicht nur eine, sondern schon ganz viele Chancen ungenutzt an sich vorüberziehen lassen: Frauen neigen nämlich dazu, um nicht alleine auf eine Party gehen zu müssen, einen »guten« platonischen, brüderlichen Freund im Schlepptau zu haben. Der bringt sie dann, wenn sich sonst niemand findet, wieder heil nach Hause, und sie kommt sich nicht »übriggeblieben« vor. Was Sie also als vornehme Zurückhaltung betreiben, legt »sie« als Desinteresse aus. Diesem ersten Mißverständnis können weitere kaum folgen ... Das nur ganz generell vorweg. Und nun zu den Details. Party ist nämlich noch lange nicht Party. Wer sie warum, für wieviele Personen welcher Altersgruppe gibt, spielt für die Aufreißtaktik eine wesentliche Rolle.

Kleine Parties bei Freunden

Je kleiner der Kreis, desto schwieriger wird es, eine Frau aufzureißen. Der Grund: Intime Parties mit wenig Gästen werden meistens nur von Paaren besucht, die relativ fest zusammengehören. Alleinstehende Frauen tauchen bei solchen Gelegenheiten – mit oder ohne Begleitung – nur dann auf, wenn vorher klargestellt wurde, daß auch noch ein, zwei, drei Männer eingeladen sind, die zu beäugen sich lohnt. Mit anderen Worten: Bei kleinen Parties laufen Sie Gefahr, regelrecht verkuppelt zu werden. Das kann zwar ganz amüsant sein, kann aber auch höchst unangenehm werden. Folglich ist es am besten, Sie halten sich von solch geselligem Zusammensein fern. Es sei denn, die Gastgeber haben es fertiggebracht, die Dame einzuladen, auf die Sie schon immer scharf waren ...

Große Parties bei Freunden

Vorteil dieser Feten ist, daß Sie sich beim Gastgeber danach erkundigen können, ob die Frau, auf die Sie es abgesehen haben, fest, semi-fest oder gar nicht vergeben ist. Wenn ersteres der Fall ist, schauen Sie sich lieber anderweitig um. Es sei denn, besagte Frau fasziniert Sie dermaßen, daß Sie sie lieber heute als morgen zum Standesamt schleifen würden. Ist sie nur halbwegs, also nicht ernsthaft, liiert, lohnt sich ein Versuch Ihrerseits immer. Allerdings werden Sie in einem solchen Fall besonders taktvoll vorgehen müssen. Sprüche wie »Lassen Sie den andern sausen und vergnügen Sie sich mit mir!« oder, noch schlimmer, eine abfällige Bemerkung über ihren derzeitigen Begleiter (»Der Typ sieht aus, als könnte er nicht bis drei zählen.«) sind fehl am Platze. Sie werden auch nicht warten, bis »sie« für ein paar Minuten alleine ist: Weil Sie selbst ein Mann sind, wissen Sie, wie schnell Sie wieder angerauscht kämen, wenn Ihre – wenngleich bereits halb Verflossene – sich vor allen Leuten von einem anderen den Hof machen lassen würde!

Sie müssen folgendermaßen vorgehen: Sie gesellen sich zu ihr *und* ihm und verwickeln *beide* in ein Gespräch. Dann sind Sie natürlich so aufmerksam, *beiden* einen Drink oder auch ein paar Snacks zu besorgen. Sie wissen es, und »sie« ahnt es, daß Sie das alles nur für sie tun. Und er will das, was er spürt, nicht wahrhaben und sich nicht lächerlich machen, indem er Sie fortschickt oder unfreundlich zu Ihnen ist. Schließlich befinden Sie sich auf einer Party. Und der Sinn eines solchen Zusammenseins ist es letztlich, andere Leute kennenzulernen. Sonst könnte ja jeder gleich daheim bleiben ...

Sobald Sie »ihr« also genügend Gelegenheit gegeben haben, sie als charmanten Gentleman zu registrieren, drehen Sie erst einmal wieder eine Runde. Die dann wieder bei den beiden – oder diesmal auch ruhig bei ihr allein – endet. Telefonnummern oder Adressen sollten Sie allerdings nur in seinem Beisein austauschen. Sonst bekommt sie vielleicht ein schlechtes Gewissen, oder er merkt's doch – und die ganze Geschichte wird, bevor sie noch begonnen hat, unerträglich kompliziert. Sie brauchen auch nicht zu befürchten, daß er Ihnen die Adresse/Telefonnummer nicht geben will. Wenn »sie« nämlich Interesse an Ihnen gefunden hat, wird sie sie so schnell herausprudeln, daß er gar keine Zeit mehr hat, sich eine Ausrede zu überlegen. Ihre Nummer sagen Sie dann auch laut und deutlich – und geben ruhig ihm den Zettel. Sie weiß ja mittlerweile auch, wo Sie arbeiten, und kann Sie notfalls im Büro erreichen. *Die* Telefonnummer findet sie nämlich, wenn sie will, in jedem Telefonbuch ...

Falls Ihr Gastgeber Ihnen nicht verraten kann – und auch nicht für Sie herausfinden kann –, ob die Dame, mit der Sie anbandeln möchten, vergeben ist, empfiehlt sich die obige Masche grundsätzlich bei allen Frauen, die in Herrenbegleitung sind. Sollte »er« allerdings nur mit ihr auf der Party sein, weil sie vielleicht Angst davor hatte, sonst den ganzen Abend allein dazusitzen, wird sie Ihnen das schon vorsichtig beibringen.

Sollte sie alleine sein, haben Sie selbstverständlich sofort grünes Licht. Sobald Sie andere Verehrer, die um sie herumstreichen könnten, aus dem Feld geschlagen haben, versteht sich. Aber das gelingt Ihnen sicherlich spielend. Die Sprüche, die Sie anbringen können, sind mehr oder minder dieselben, die Sie bei Cocktail-Parties und Empfängen, die Sie aus beruflichen Gründen besuchen, bringen können.

Cocktail-Parties, Empfänge

Entweder handelt es sich bei Frauen, die Sie hier treffen, um Mitbringsel eines Kollegen oder um Frauen, die selbst aus beruflichen Gründen da sind. Von der ersten Sorte lassen Sie am besten gleich die Hände weg – selbst wenn Sie wissen, daß er »sie« nur zu offiziellen Anlässen mitnimmt und Montagnachmittag, Mittwochmorgen und Freitagnachmittag mit einer, seiner Geliebten verbringt. Der Grund: Affairen mit Ehefrauen von Kollegen oder fast Kollegen – auch wenn Sie bisher beruflich mit ihm nicht zu tun hatten – führen meistens zu peinlichen Situationen. Auch dafür gibt's mehrere Gründe:

- Stellen Sie sich vor, Sie wollen nur ein, zwei nette Abende oder Nächte mit ihr verbringen – und sie erwartet, daß Sie all ihre einsamen Abende oder Nächte verkürzen.
- Stellen Sie sich vor, Sie verlieben sich Hals über Kopf in sie, und sie wollte nur einmal ausprobieren, ob sie wenigstens für andere Männer – wenn schon nicht für den angetrauten – attraktiv ist.
- Stellen Sie sich vor, sie wollen sich nur kurzfristig mit ihr amüsieren, und er erfährt davon und liefert sie ihnen frei Haus.
- Stellen Sie sich alle möglichen und unmöglichen grauenhaften Situationen vor – und konzentrieren Sie ihre Suche nach einer Frau, die Sie aufreißen können, in eine andere Ecke.

Sie müssen die Frau, die Sie gutfinden, nur sichten. Dann geht alles weitere fast von selbst:

- Sollten Sie mit ihr am kalten Buffet stehen, ist ein so banaler Satz wie: »Sie sollten unbedingt den Käse (die Oliven, die Häppchen) versuchen!« durchaus angebracht.
- Sie können ihr natürlich auch einen Teller, den Sie liebevoll mit Häppchen gefüllt haben, mit Worten wie: »Ich hab' Ihnen was mitgebracht, weil ich auf Stehparties wie diesen auch so ungern alleine esse.« überreichen. (Sie können sie selbstverständlich auch fragen, welchen der beiden Teller, die mit verschiedenen Leckerbissen gefüllt sind, sie haben möchte.)
- »Sie sehen ganz so aus, als könnten Sie einen Drink gebrauchen. Was darf ich Ihnen denn besorgen?« ist auch ein Spruch, der ganz gut funktioniert.

- Wenn sie gerade eine Zigarette aus der Schachtel geholt hat, seien Sie zur Stelle und geben Sie ihr Feuer!
- Wenn sie raucht und gerade kein Aschenbecher in der Nähe ist, bringen Sie ihr einen. Und halten Sie ihn fest.
- Wenn sie gelangweilt aussieht, fragen Sie sie ruhig: »Meinen Sie nicht auch, daß wir uns in dem Lokal gegenüber (an der nächsten Ecke, wo auch immer) besser amüsieren könnten?«
- Sie können sie natürlich auch fragen, ob sie irgendeine Ahnung hat, was dieser ganze Rummel eigentlich soll. (Das geht selbstverständlich nur, wenn Sie den Empfang nicht mitorganisiert haben oder mit sonstigen Aktien daran beteiligt sind.)
- Sollten Sie selbst eine der VIPs, Very Important Persons, der Angelegenheit sein, können Sie ihr natürlich auch sagen: »Ich hoffe, Sie langweilen sich nicht meinetwegen. Falls Sie das tun, bin ich gern bereit, das ein andermal wieder wettzumachen. Heute muß ich leider bis zum Ende der Vorstellung bleiben ...«
- »Wer oder was führt Sie hierher?« ist zwar kein besonders origineller Spruch, aber auch er hat seine Wirkung noch nie verfehlt. Zumal sie nicht mit einem simplen »ja« oder »nein« darauf antworten kann. Es sei denn, daß sie Ihnen sagt, das ginge Sie gar nichts an. Aber dann wissen Sie wenigstens, was (nicht) läuft ...
- Sie können sie auch fragen, ob sie weiß, wer der Herr (nie die andere Frau!) im nadelgestreiften Dunkelblauen ist. Höchstwahrscheinlich will sie wissen, warum Sie das wissen wollen. Dann können Sie ja zugeben, daß Sie nur irgend etwas zu ihr sagen wollten, um mit ihr ins Gespräch zu kommen. (Die Frage ist günstiger, wenn sie so aussieht, als wüßte sie es nicht.

Da können Sie immer noch »schade« sagen und ihre Frage provozieren oder sie sogar dazu bringen, daß Sie es für Sie herausbekommt. Die Mühe muß sie sich natürlich nicht machen ...)

– Wenn sie, was jeder Mann, der nicht gerade blind ist, auf einen Blick erkennen kann, besonders viel Mühe auf ihr Make-up und ihre sonstige Erscheinung verwandt hat, ist sie gewiß für Schmeicheleien empfänglich. Dann können Sie ihr ruhig sagen, daß sie die attraktivste (nicht die »schönste«) Frau weit und breit ist. Und daß Sie sie so fasziniert, daß Sie sie gern bald einmal woanders treffen möchten.

– Eine brutale, aber wirkungsvolle Methode ist es, »ihr« ein Glas Mineralwasser oder ein paar Tropfen Weißwein (um Himmels willen keinen roten!) auf das Kleid zu gießen. Wenn sie nicht gerade schrecklich zickig ist (schließlich geben Mineralwasser oder Weißwein keine Flecken), haben Sie gleich ein vorzügliches Gesprächsthema. Und Sie können darauf bestehen, ihre Tollpatschigkeit mit einem Essen wiedergutzumachen. (Daß Sie die Reinigungskosten tragen, bieten Sie ihr selbstverständlich auch an. Aber keine Angst, sie wird davon keinen Gebrauch machen.) »Hinterher« oder bei sonstiger passender Gelegenheit können Sie immer noch zugeben, daß es kein Unfall war. Schon geht das Gespräch flott weiter. Es sei denn, Sie sind sowieso nicht ihr Typ.

– Sie können sie auch bitten, mal kurz Ihr Glas, Ihren Teller, was immer Sie in den Händen haben, zu halten. Dann mopsen Sie kurzerhand eine – nur eine! – Blume aus einem der vielen Gestecke, die bei Empfängen immer herumstehen – und stecken sie ihr ins Haar oder drücken sie ihr in die Hand. Dabei sagen

ȶ ihr natürlich, daß Sie unterwegs eine Blume gekauft hätten, wenn Sie nur geahnt hätten, daß Sie sie
hier treffen ...

- Sollten Sie zu den Männern gehören, deren Charme
einfach unwiderstehlich ist – zumindest für »sie«, das
ist aus ihrer Reaktion ersichtlich –, können Sie die Di-
rekt-Methode anwenden. Mit anderen Worten, Sie
reden nicht lange um den heißen Brei herum, sondern sagen: »Ich würde wahnsinnig gerne mit Ihnen
schlafen ...« Die Chancen, daß sie daraufhin ermunternd lacht oder sofort mit Ihnen den Empfang verläßt, stehen 50:50 – wenn nicht noch günstiger für
Sie.

Wo? In der Disko

»Hello I love you won't you tell me your name.«

THE DOORS

oder

»I wanna hold your hand.«

LENNON/MCCARTNEY

Laien mögen Diskotheken für tolle Plätze zum Aufreißen halten – Profis wissen, sie sind es nicht. Es geschieht nämlich nur ganz selten, daß sich was »wirklich Liebes« allein in eine Diskothek verirrt. Und selbst wenn »sie« von ihrem Bruder begleitet wird, ist Vorsicht geboten: Denn den wenigsten guten Frauen käme es in den Sinn, gerade in einer Diskothek einen Mann aufreißen zu wollen. Nicht so einen wie Sie, jedenfalls. Und damit wäre das Thema eigentlich schon erledigt. Wenn ich nicht meiner Sorgfaltspflicht Genüge tun wollte. (Mein Verleger erwartet schließlich ein Buch, das Ihnen in allen Lebens- und Liebeslagen hilft!) Wenn Sie nicht von vornherein nur auf einen One-Night-Stand aus sind und »sie« auch nur einen Mann für eine Nacht sucht, sollten Sie sich an folgende Grundregeln halten:

– Als Anfänger halten Sie sich von Diskotheken fern. Diskos sind nämlich zu einem hohen Prozentsatz mit Frauen bestückt, die es zwar toll finden, daß sie von möglichst vielen Männern angesprochen werden – aber ihre größte Befriedigung gewinnen sie daraus, jeden Mann eiskalt abblitzen zu lassen. (Um mit Münchens Superaufreißer Wolfi zu sprechen: »Die warten alle auf ihren Märchenprinzen, und wenn er dann kommt, lassen sie ihn vorbeisausen!«) Und daß sich der Frust der Mädels auf Sie überträgt, das muß nun gewiß nicht sein ...

– Sollten Sie was fürs Herz suchen (die eine Liebe, die sich versehentlich in die Diskothek verlaufen hat oder von Freunden mitgeschleppt wurde), sind Diskotheken an Wochenenden für Sie tabu. Das gleiche gilt für bestimmte Uhrzeiten unter der Woche: ein bis anderthalb Stunden, bevor die Disko schließt. Denn zu diesen Zeiten ist, darüber sind sich alle Männer, mit denen ich gesprochen habe, einig, nur – oder fast nur – »Schrott« unterwegs. Oder hält die Männer, die zu solchen Zeiten auf Tour sind, für denselben.

– Passen Sie Ihre Kleidung und Ihr Verhalten der Disko, in die Sie gehen wollen, unbedingt an. Wenn Sie zur Schickeria gehören, werden Sie in einem Punk- oder Rockerladen unangenehm auffallen – und umgekehrt. Und daß Sie sich als »Opa« (das sind Sie in diesem Fall schon ab um die dreißig) nicht in einer New Wave Disko nach einer Frau umsehen, braucht wohl nicht extra erwähnt zu werden.

Was die Sprüche, die Sie in einer Disko bringen können, betrifft, haben Sie nicht allzuviel Auswahl. Kurz und bündig ist am wirkungsvollsten – weil es meistens sowieso viel zu laut ist, als daß Sie mit Ihrer Auserwählten mehr als drei Worte wechseln können. Besonders originell brauchen Sie in diesem Fall auch nicht zu sein.

- Sie können »sie« einfach nur anstarren (oder, je nachdem, in welcher Art von Disko Sie sich befinden, auch anlächeln). Das tun Sie so lange, bis »sie« Ihnen entweder einen herausfordernden Blick (Komm ruhig rüber!) oder ein Lächeln schenkt.
- Mit einer Bemerkung wie: »Heiß hier!« können Sie andeuten, daß Sie mit ihr lieber nach draußen gehen würden. Wenn sie will, kapiert sie das schon.
- »Durst???« ist die Kurzform von: »Möchten Sie etwas trinken?« Wenn sie sich einladen lassen will, wird sie schon nicken und Ihnen dann auch sagen, was sie trinken möchte.
- »Tanzen?« Auch wenn sie »ja« sagt, müssen Sie hier aufpassen, daß Sie sich auf der Tanzfläche nicht wieder verlieren.
- Sie können »sie« auch einfach packen und auf die Tanzfläche – oder an die Bar – stellen. Diese Nummer muß allerdings gekonnt sein, wenn Sie sich keine Ohrfeige einhandeln wollen. Stellen Sie sich einfach vor, Sie seien Superman, der Louis Lane vor einem Bösewicht rettet. Dann dürfte es schon klappen.
- »Zwhimsyihwrhnrh?« Wenn sie Ihr unverständliches Gebrüll nicht versteht, wird sie, wenn Sie ihr Typ sind, mit in eine ruhigere Ecke kommen. Da können Sie sie dann in aller Ruhe fragen, ob sie noch dableiben oder das Lokal wechseln möchte.
- In Punk- und Rockerdiskotheken können Sie lässig eine Zigarette aus dem linken oder rechten Mundwinkel hängen lassen und: »Na, was ist mit uns!« (oder ähnliches) zischen.

Strangers in the night – der one-night stand

> »Wenn man nicht hat, was man liebt, muß man lieben, was man hat.«
>
> FRANZÖSISCHES SPRICHWORT
>
> und:
>
> »Sie sagte sich: Mit ihm schlafen, ja – aber nur keine Intimität.«
>
> KARL KRAUS

Was Sie in diesem Kapitel zu lesen bekommen, ist ein Knigge für den one-night stand oder Spielregeln für den Umgang mit Eintagsfliegen. Denn wenn Sie die Sprüche, die Sie in diesem Buch finden, schon dazu benutzen, um sich ein Mädchen für eine Nacht zu angeln, sollten Sie wenigstens gleich dazulernen, wie Sie die Sache zumindest halbwegs gentlemanlike über die Bühne bringen. Keine Angst, Sie kriegen schon keine moralische Standpauke gehalten. Letztlich sind die Motive, aus denen eine Frau sich zu einem one-night stand entschließt, auch nicht unbedingt edler als die Ihren. Und irgendein Motiv hat sie, sonst würde sie nicht mitkommen:

»Ihre« Motive I

- Sie möchte genau das, was Sie auch wollen: puren Sex, bei dem sich keiner dem anderen auf psychischer Ebene verpflichtet fühlt ...
- ... und auf physischer Ebene auch nicht.
- Sie kann, wenn sie noch relativ unerfahren ist, das Angenehme mit dem Nützlichen verbinden und Sie zum Üben nehmen wollen.
- Sie kann die Nacht mit Ihnen deshalb verbringen, weil sie (und das ist häufiger der Fall, als Sie es sich träumen lassen würden) einen anderen Mann vergessen möchte. Das heißt nun wieder nicht, daß sie sich unbedingt an Sie erinnern will. Es geht vielmehr darum, daß der andere nicht der letzte war ...
- Sie möchte ihr lieb- und sexloses Eheleben mit einer amüsanten Abwechslung, Ihnen, anreichern. Daß sie sich für einen one-night stand und nicht für eine Affaire entscheidet, hat auch seinen guten Grund: Ersteres ist unkomplizierter und diskreter zu handhaben.

Wie Sie sehen, sind Eintagsfliegen auch aus weiblicher Sicht vollkommen legal. Unsere Motive sind ebenso egoistisch wie die Ihren. Wenn das so ist, haben Sie mit der Frau, die Sie heute abend abschleppen, morgen früh keinerlei Probleme. Man kommt zusammen, vergnügt sich, und sagt einander ohne Schuldgefühle »ade!«.

Sollte es besonders viel Spaß gemacht haben (und haben Sie Gelegenheit, sich wiederzusehen), einigen Sie sich vielleicht sogar darauf, eine solch leidenschaftliche Liebesnacht sporadisch zu wiederholen. Aber auch dann bleibt Ihre Beziehung beidseitig ohne jede Verpflichtung, wie gehabt.

Kompliziert wird der one-night stand für Sie erst, wenn Ihre Partnerin eines der Motive aus der zweiten Kategorie hatte:

»Ihre« Motive II

- Sie hat zuviel Alkohol getrunken, den Sie ihr einge-flößt haben. (Sie hätten ihr Besäufnis zumindest ver-hindern können!)
- Sie ist noch nicht frei genug, »nein« zu sagen. Der Grund, weswegen sie die Nacht mit Ihnen verbringt, sind jedoch nicht Sie, sondern die schlichte Angst, für zickig gehalten zu werden.
- Sie bildet sich ein, jeder Mann, der mit ihr schlafen will, muß sie lieben.
- Sie glaubt, daß sie jeden Mann, mit dem sie schlafen will, lieben muß.

Was den Alkohol betrifft, so ist er ein Kapitel für sich. Nur soviel vorweg: Eine Frau, mit der Sie sich sexuell vergnügen wollen, betrunken zu machen (oder zuzu-lassen, daß sie zuviel trinkt), ist das Dümmste, was Sie tun können. Die Reaktionsfähigkeit läßt nämlich nicht nur beim Autofahren merklich nach ...

Bleiben die letzten drei Motive. Wenn Sie nun ver-nünftig wären, würden Sie in allen drei Fällen lieber al-leine nach Hause gehen. Da mit männlicher Vernunft aber nur in den seltensten Fällen zu rechnen ist, kauen wir die drei Punkte eben auch durch. Wenn sie noch nicht Frau genug ist, »nein« zu sagen, obwohl sie im Grunde lieber alleine (oder zumindest nicht mit Ihnen) schlafen möchte, sind Sie noch gerade aus dem Schnei-der. Ruhmeslorbeeren werden Sie damit zwar keine ernten, aber der Ärger, den sie (spätestens) am Morgen danach verspürt, bezieht sich weniger auf Sie – als auf sie selbst. Summa summarum sind Sie dann eine von mehr oder weniger vielen Lektionen, die sie lernen muß, um endlich zu begreifen, daß sie keinem Mann – auch Ihnen nicht – einen Gefallen schuldig ist. Was die letzten beiden Motive betrifft, bleibt Ihnen (wenn Sie's absolut nicht lassen können) nur eines: Und das ist der Versuch, ihrer Enttäuschung vorzubeugen.

»Ihrer« Enttäuschung vorbeugen

Wenn Sie verhindern wollen (und das sollten Sie), daß Ihr one-night stand Ihr Verlangen nach Sex mit Liebe verwechselt, haben Sie folgende Möglichkeiten:

– Mogeln Sie ihr vor, daß Sie morgen (sprich: am nächsten Tag) Ihren Urlaub oder eine längere Geschäftsreise antreten. Sie können ihr auch erzählen, daß Sie ganz und gar auswandern und Deutschland für immer verlassen. Vorausgesetzt, Sie sind sich einhundertprozentig sicher, daß Sie ihr nicht in den nächsten paar Tagen über den Weg laufen. (Sollten Sie diese Lüge gebraucht haben und ihr wider Erwarten doch begegnen, weichen Sie nicht von ihrer Lüge ab, sondern erhärten Sie sie: Hierzu erklären Sie mit treuem Augenaufschlag, daß sich die Reise verschoben hat.)
– Flechten Sie in die Unterhaltung ein, daß Ihre Freundin (selbst, wenn Sie derzeit keine haben!) in den nächsten 24 Stunden aus dem Urlaub zurückkommt. Oder derzeit in Pusemuckel ist, um der Beerdigung ihres Volksschullehrers (der sie immer so gepiesackt hat) beizuwohnen.
– Erwähnen Sie Ihre letzte große Liebe (selbst wenn Sie keine Ahnung haben, was Liebe ist!). Und die Tat-

69

sache, daß Sie immer noch nicht darüber hinweg sind, daß Ihre Beziehung zu ihr in die Binsen gegangen ist. Sinn der Sache ist, daß Ihr one-night stand begreift, daß Sie noch anderweitig emotionell gebunden sind – und Ihnen der Kopf gewiß nicht nach einer neuen Liebe steht.

Bei allen drei Taktiken besteht zugegebenermaßen die Möglichkeit, daß das Mädchen Ihnen im letzten Moment doch noch abspringt. Denn Sie sind selbstverständlich so anständig, ihr den Schmu aufzutischen, bevor Sie sie in Ihr Bett gezerrt haben. Grob über den Daumen stehen Ihre Chancen 50 : 50. Aber dafür haben Sie wenigstens alles unternommen, Ihre Eintagsfliege nicht glauben zu machen, daß Sie sie lieben oder zumindest verliebt in sie seien. Übrigens: Die beste Masche ist die mit der alten Liebe, von der Sie nicht loskommen. So lassen Sie Ihrem one-night stand (wenn schon nichts anderes) wenigstens die Illusion, eine gute Tat zu tun oder getan zu haben: Denn wer einen anderen Menschen von seinem Kummer ablenkt, der hat schon was geleistet ...

Am kompliziertesten wird der one-night stand, wenn Sie eine Frau erwischen, die davon überzeugt ist, sich Hals über Kopf in Sie verliebt zu haben – und annimmt, Ihnen ginge es ebenso. (Warum, wird sie sich fragen, sollte er sonst mit mir schlafen wollen ...?) Zusätzlich zu den oben angegebenen Notlügen können Sie in solchen Fällen noch folgendes tun:

– Gehen Sie mit ihr einen Happen essen – und schmatzen Sie, was das Zeug hält.
– Popeln Sie in der Nase.

- Rülpsen Sie.
- Schlürfen Sie Ihren Wein, oder was immer Sie trinken, so laut wie möglich.

Keine Angst, Liebe macht blind und taub. Die Nacht, für die Sie sie eingeplant hatten, wird sie schon mit Ihnen verbringen. Aber wenn Sie sich dann (dank einer der drei Notlügen von vorhin) auf Nimmerwiedersehen ade gesagt haben, wird es ihr leichterfallen, über ihre (scheinbare oder tatsächliche) Verliebtheit hinwegzukommen. Denn wenn sie still in ihrem Kämmerchen sitzt und jede Szene des Abends und der Nacht mit Ihnen vor ihrem geistigen Auge abspielt, dann wird ihr irgendwann klar werden, daß Sie – so lieb Sie waren – im Grunde so saumäßige Manieren hatten, daß sie Sie nie mit zu ihren Eltern hätte einladen können. Und daß Sie wohl doch nicht so gut zu ihr passen, wie sie anfangs geglaubt hatte ...

No-No's

Es gibt natürlich auch Sprüche, die Sie bei einem one-night stand unter gar keinen Umständen bringen dürfen. Dazu gehören:

VORHER
- »Ich glaube, ich hab mich in dich verliebt.«
- Vielleicht fahren wir demnächst gemeinsam in Urlaub.«
- »Du würdest meiner Mutter bestimmt gefallen.«
- »Ich bin kein Junge für eine Nacht.«
- »Die Frau, die ich mal heiraten möchte, müßte so sein wie du.«

IM BETT

- »Ich hoffe, du schläfst nicht immer gleich mit jedem.«
- »Sei nicht so zickig. Mir soll die Sache schließlich Spaß machen.«
- »Bist du frigide?«
- »Du bist besser (schlechter) als deine Freundin Gabriele (Erika, Andrea).«
- »Ist doch nicht meine Schuld, wenn du keinen Orgasmus hast.«

HINTERHER

- »Mach die Tür leise zu, ich will schlafen.«
- »Da vorne liegen zehn Mark fürs Taxi.«
- »Zieh dich schnell an, meine Freundin muß jeden Moment nach Hause kommen.«
- »Ich hoffe, du nimmst die Pille.«
- »Mein Freund Paul (Gert, Markus) würde dich sicher mögen. Soll ich dir seine Nummer geben?«

Der elegante Abgang

Wie Sie das Nachspiel, das Sie auch bei einem one-night stand nicht vergessen sollten, gestalten, finden Sie in dem Kapitel »Und was nun?« erläutert. Aber dann?

- Wenn es noch früh genug ist, irgendwo ein Glas Wein oder einen Kaffee zu bekommen, ziehen Sie sich am besten beide wieder an und trinken noch ein Glas zusammen. Dieser Abschied hat zwei Vorteile: Einmal befinden Sie sich beide wieder auf neutralem Gebiet, von wo aus jeder, ohne sich verletzt zu fühlen, nach Hause gehen und alleine in sein eigenes Bett krabbeln kann. Wenn es irgend geht, nehmen Sie sich also die Zeit. Sie brauchen ja keine Stunden in dem Lokal zu

verbringen, eine Viertel- bis halbe Stunde langt voll-
auf. Sollten Sie Ihren Abschied nicht auf diese Weise
gestalten können, gibt es immer noch folgende Möglichkeiten:

WENN SIE IN »IHRER« WOHNUNG SIND:

- Nach entsprechendem Nachspiel erklären Sie ihr
  ganz einfach, daß es nun Zeit für Sie wird, nach Hause zu gehen. Sie müssen am nächsten Morgen früh
  raus, den Hund versorgen oder sonstwas ...
- Sie dürfen sogar den Spruch bringen, daß Sie demnächst mal wieder anrufen. Wenn Sie sich zeitlich
  nicht festlegen, kapiert auch das naivste Mädchen,
  daß Sie nur noch einen netten Satz sagen wollen.
  Vielleicht findet die Kleine es sogar noch rührend,
  daß Ihnen nichts Besseres einfällt.

WENN »SIE« IN IHRER WOHNUNG IST:

- Wenn es nur Sex war, wird »sie« höchstwahrscheinlich von alleine aufstehen und nach Hause gehen wollen. Wenn sie das tut, seien Sie also nicht einge-
  schnappt. Geben Sie zuerst ihr die Möglichkeit, nach
  Hause gehen zu wollen, bevor Sie zu härteren Methoden greifen.
- Wenn sie keine Anstalten zu gehen macht, ziehen Sie
  sich wieder an – und bringen Sie sie entweder zum
  Taxi oder fahren Sie sie nach Hause. Vorher bieten
  Sie ihr selbstverständlich noch einen Kaffee oder ein
  Glas Wein oder sonstwas an, damit die Angelegenheit
  nicht so abrupt endet.
- Falls sie auf die Idee kommt, Ihre freundlichen An-
  deutungen von vorhin zu ignorieren, müssen Sie ihr
  beibringen, daß Sie nun einmal nicht mit anderen

Menschen zusammen in einem Bett schlafen können. Sie wachen dann immer nachts auf und sind am nächsten Morgen wie gerädert. Und das können Sie sich nicht leisten.

- Sollte sie hartnäckig sein und Ihnen anbieten, auf der Couch zu schlafen, müssen Sie hart bleiben und sich jetzt durchsetzen. Weil Sie am nächsten Morgen (selbst wenn Sie wirklich aus dem Haus rasen müssen) eine noch unangenehmere Situation vor sich hätten. In diesem Fall hilft nur eins: Sagen Sie ihr nett, aber bestimmt, daß Sie allein sein müssen. Weil Sie nun mal einer sind, der alleine sein muß. Das hat gar nichts mit ihr zu tun, so ist es nun mal.

- Wenn das alles nichts hilft, sollten Sie beim nächstenmal vorsichtiger sein – und lieber in die Wohnung des Mädchens gehen. Da können Sie dann nämlich, wenn ihnen danach ist, verschwinden ...

Nachsatz: Es liegt durchaus in der Natur der Sache, daß Sie zwar nur einen one-night stand »geplant« hatten, aber daß es Sie plötzlich voll erwischt. Falls Sie sich in einem solchen Fall über die Moralvorstellungen Ihrer Partnerin plötzlich Gedanken machen, sollten Sie unbedingt das nächste Kapitel gut durchlesen.

Die Doppelmoral – Wenn zwei das gleiche tun ...

»Mit den Mädchen muß man schlafen, wozu sind sie sonst da!«

KURT TUCHOLSKY

aber:

»Never sleep with anyone crazier than yourself!«

ARTHUR BLOCH:
HARTLEY'S SECOND LAW

An dieser Stelle wird es Zeit, endlich mit einem Ammenmärchen aufzuräumen, das auch heute noch viele Männer für das Evangelium halten: Brave Mädchen, so lautet die weitverbreitete Annahme, gehen aus, gehen nach Hause, gehen ins Bett. Nur nette Mädchen gehen aus, gehen ins Bett, gehen nach Hause ...

Irrtum! Intime Gespräche haben ein gutes Dutzend gute Gründe hervorgebracht, aus denen auch »anständige« Frauen »Sex am ersten Abend« durchaus guten Gewissens vertreten können. Und das, ohne sie von vornherein als one-night stand zu betrachten. Sex bereits am ersten Abend ist für eine Frau etwas völlig Legales,

... wenn es die einzige Art der Gymnastik ist, die ihr liegt,

... wenn die Heizung nicht funktioniert und es ihr allein im Bett zu kalt ist,

... wenn sie Sie damit vor einem Selbstmordversuch bewahrt,

... vor, während und nach einem Bombenalarm,

... wenn sie Sie aus einem früheren Leben kennt,

... am Buß- und Bettag und anderen Feiertagen, an denen es keine sonstigen Unterhaltungsmöglichkeiten gibt,

... wenn Sie morgen für vierzehn Tage verreisen müssen,

... wenn sie schon im Sandkasten mit Ihnen gespielt hat,

... wenn sie weiß, daß sie in spätestens drei Tagen sowieso mit Ihnen schlafen wird,

... wenn der Strom ausgefallen ist,

... wenn sie sich mehr als eintausend Meter über der Erde befindet,

... wenn sie sich so zu Ihnen hingezogen fühlt, daß sie gar nicht anders kann, als sich von Ihnen ausziehen zu lassen.

Rechenaufgabe für Männer, die es immer noch nicht wahrhaben wollen: Wenn die Respektabilität einer Frau, die am ersten Abend mit Ihnen schlafen möchte und es auch tut, gleich Null ist, um wieviel Prozent erhöht sich die Respektabilität einer Frau, die eigentlich nicht mit Ihnen schlafen möchte und es schließlich doch tut, um Sie nicht zu verlieren – in Relation zu der Anzahl von Tagen, die sie Sie »warten« läßt?

Alkohol – Weniger wirkt mehr

>»Alkohol schürt das Verlangen, aber er mindert die Leistung.«   SHAKESPEARE
>
>und:
>
>»Cheap wine, cheaper love, don't make waking up easy.«   PETER ALLEN

Richtig dosiert, kann Alkohol ein wahres Aphrodisiakum sein: Er regt die Lust- und Sexualzentren im Zwischenhirn an und verleiht der Fantasie Flügel, indem er Kontrollmechanismen wie Angst und Hemmungen schwächt. Aber: Ein Glas zuviel und die anregende Wirkung des Alkohols ist beim Teufel. Es nützt Ihnen also gar nichts, eine Frau, die Sie unbedingt abschleppen wollen, mit Alkohol abzufüllen, wenn Sie nicht gerade eine Vorliebe für lebende Leichen haben. Denn auch wenn die vorübergehende weibliche »Impotenz« (im Gegensatz zur männlichen) nicht unbedingt auf den ersten Blick ersichtlich ist, so ist sie doch spürbar vorhanden. Wenn Sie »ihr« also erst soviel zu trinken geben müssen, daß sie sich nur noch nach einem Bett sehnt – und dabei in Kauf nimmt, daß es das Ihre ist –, vergessen Sie die Angelegenheit. Oder vertagen Sie das Unternehmen. Dasselbe gilt für Situationen, in denen »sie«, ohne dazu aufgefordert zu sein, einen Drink nach dem anderen zu sich nimmt. Das kann mehrere Gründe haben, die an dieser Stelle interessant sind:

- Sie weiß nicht, daß Erdbeerwein (Piña Colada, Zombie) harmloser schmeckt, als er ist.
- Sie ahnt bereits, was Sie mit ihr vorhaben und sucht, sich selbst gegenüber, eine Entschuldigung, Sie in ihr Schlafzimmer zu lassen (»Ich hatte einen Riesenschwips, sonst wäre mir das nicht passiert.«).
- Sie hat Schlafstörungen und trinkt das eine Glas mehr, damit sie wenigstens heute nacht gleich einschlafen kann. Wenn sie allerdings wüßte, daß Sie dafür sorgen würden, ihre schlaflosen Stunden kurzweilig zu gestalten, hätte sie nach dem zweiten oder dritten Glas Wein ein Mineralwasser bestellt.

In allen drei Fällen gibt's nur eins: Halten Sie sie unter Aufbietung Ihres gesamten Charmes davon ab, das eine Glas über den Schwips zu trinken. Dabei können Sie, wenn Sie es geschickt anfangen, gleich durchblicken lassen, daß Sie die Nacht mit ihr verbringen wollen. Versuchen Sie es mal mit einem der folgenden Sprüche:

- »Bin ich so häßlich, daß sie mich erst schöntrinken müssen?«
- »Wenn Sie's drauf angelegt haben, mit einem Kater aufzuwachen, nehmen Sie mich. Schmusekater haben den Vorteil, daß sie keine Kopfschmerzen bereiten.«
- »Wie wär's mit einer Tasse Kaffee oder einem Mineralwasser zwischendurch? Wenn wir jetzt weiter Alkohol trinken, kann ich Sie nachher nicht mehr guten Gewissens zu mir locken. Sie sollen schließlich nicht aufwachen und denken, ich hätte die Situation ausgenutzt.«

Sie selbst hüten sich selbstverständlich auch davor, das eine Glas zuviel zu trinken. Es sei denn, daß der einzige

Rausch, den Sie in dieser Nacht genießen wollen, der alkoholische ist. Und wenn Sie den erst einmal haben, dann reißt auch ein halber Liter schwarzer Kaffee Sie nicht mehr raus. Passiert ist passiert.

Das einzige, was Sie tun können, ist zu versuchen, die Wirkung des Alkohols vorbeugend zu mildern. Das heißt zwar nicht, daß Sie dann unbegrenzte Mengen Alkohol zu sich nehmen können, aber ein Glas mehr kann Ihnen dann nicht mehr ganz so viel anhaben. Erprobte und bewährte Vorbeugungsmittel sind:

- Bevor Sie zu trinken anfangen, eine Avocado zu essen. Ihr hoher Proteingehalt hilft die Wirkung des Alkohols zu neutralisieren.
- Etwa eine Stunde bevor Sie zu trinken anfangen, eine Tablette gegen Reisekrankheit zu nehmen. Der Vorteil ist hier, daß Sie zwar weniger schnell einen Rausch kriegen, aber der Nachteil ist, daß Sie statt dessen höchstwahrscheinlich relativ schnell müde werden.
- Während Sie trinken, auf einer Party oder in einer Kneipe, hilft ein Spaziergang um den Block, einen klaren Kopf zu behalten. (Das setzt natürlich voraus, daß Sie noch nicht zu viel getrunken haben und noch laufen können!)
- Ein heißes Bad oder eine heiße Dusche (nicht zu heiß und nicht allzu lang) ist ebenfalls ein Ausnüchterungsmittelchen (wiederum vorausgesetzt, daß Sie das Bad noch mühelos finden und imstande sind, sich alleine aus- und anzuziehen!). Die Hitze regt den Körper nämlich dazu an, den Alkohol zu verbrennen und ihn somit loszuwerden.

Der kluge Mann ... beugt vor

>»Wir alle machen uns Gedanken um die Be-
>völkerungsexplosion. Aber wir machen sie
>uns nie zur rechten Zeit.«
>
>ARTHUR HOPE

Es hilft alles nichts – an diesem Thema kommen wir in diesem Buch nicht vorbei. Männer und Frauen sind nämlich leider oft gleichermaßen naiv, wenn es um so grundlegende Dinge wie Empfängnisverhütung geht:

Was manche Männer denken:

- gar nichts,
- sie wird die Pille (oder sonstwas) schon nehmen,
- ich seh sie sowieso nie wieder,
- es ist *ihr* Bauch. Was damit geschieht, geht mich nichts an,
- ich werd' schon aufpassen.

Was manche Frauen denken:

- gar nichts,
- dieses eine Mal wird schon nichts passieren,
- er wird schon aufpassen,
- wenn ich schwanger werde, wird er mich sicher heiraten.

Wenn Sie also nicht eines Tages vor (fast) vollendete Tatsachen gestellt werden wollen, klären Sie vorher, daß Sie – zumindest derzeit – keinesfalls daran interessiert sind, Nachwuchs in die Welt zu setzen. Auch wenn Sie »sie« eigentlich nicht gut genug kennen, um intime Fragen zu stellen, können Sie das – aus der Situation heraus – in diesem Fall eben doch tun. Oder vielmehr: Sie müssen es sogar! Damit Sie nicht später zu hören kriegen:

- »Du hast mich ja nicht gefragt.«
- »Du hättest dir doch denken können, daß die Pille (oder sonstwas) bei mir zu Hause auf dem Nachttisch lag, als du mich mit zu dir geschleppt hast . . .«
- »Du mußt mit mir nach Holland (England) fahren . . .«
- »Auch wenn du dein Kind nicht sehen willst, zahlen mußt du dafür.«

Und wie fragen Sie, ohne die Stimmung zu zerstören? Ganz einfach:

- »Liebling (Schätzchen, Susi, Anneliese), hast du deine Pille heute schon genommen?«

Diese Formulierung hat zwei Vorteile:

- Falls »sie« zu den Vergeßlichen gehört, wird sie Ihnen dankbar dafür sein, daß Sie sie daran erinnert haben.
- Sollte sie die Pille nicht nehmen, wird sie mit »nein« antworten. Wenn das so ist, müssen Sie nachhaken. Und herausfinden, ob sie sich anderer Methoden bedient – oder nicht.

Falls ersteres der Fall ist, wird eine kluge Frau Sie sofort beruhigen und Ihnen sagen, warum Sie sich ab sofort keine weiteren Gedanken darüber machen müssen.

Falls letzteres der Fall ist, sollten Sie noch einmal darüber nachdenken, ob der Spaß das Risiko, das Sie trotz diverser schnell greifbarer Hilfsmittelchen eingehen, wert ist. Höchstwahrscheinlich nicht.

Merke: Keine Frau, die durch und durch Frau ist, wird es ihnen übelnehmen, wenn Sie sie danach fragen, ob sie die Pille nimmt. Im Gegenteil. Sie wird erfreut sein, einen Mann getroffen zu haben, der mitdenkt.

Mit Musik geht alles besser

»Wenn die Musik der Liebe Nahrung ist,
spielt weiter! Gebt mir volles Maß.«

SHAKESPEARE

Eine Stereoanlage und eine einigermaßen sortierte Schallplattensammlung darf in Ihrer Wohnung selbstverständlich nicht fehlen. Denken Sie bei Ihren Einkäufen daran, daß Sie Musik für jede Stimmung – und jeden Typ von Frau brauchen. Wer weiß, wen Sie eines Tages anschleppen. Bereitsein ist alles. Absolut unerläßlich sind Schallplatten von:

Mozart, Beatles, Elvis, Police, Bach, Carly Simon, Stevie Wonder, Aretha Franklin, Play Bach, Swingle Singers, Dr. Hook, Barbara Streisand, Kenny Rogers, Howard Carpendale, Rod Stewart, Bob Dylan, Carpenters, Dvorak, James Brown, James Taylor, Robert Palmer, Vivaldi, Queen, Freddy Quinn, Chrystal Gayle, Coltrane, Chopin, Janis Joplin, Heino, James Last, Bee Gees, Marianne Rosenberg, Jethro Tull, Ray Charles, Frank Sinatra, Peter Maffay, Udo Lindenberg, Simon & Garfunkel, Abba, Bette Midler, Spider Murphy Gang.

Über die Zusammenstellung brauchen Sie gar nicht den Kopf zu schütteln. Die Auswahl habe ich nicht zuletzt auch unter dem Gesichtspunkt getroffen, daß Sie auch die Art von Musik parat haben müssen, die jede Frau die auch nur einen Funken von Musikgefühl besitzt, ganz schnell wieder aus Ihrer Wohnung treibt, wenn Sie sie anders nicht loswerden ...

Allzeit bereit

»In Bereitschaft sein ist alles.«
SHAKESPEARE

Was sollte der Mann von Welt, der eine Frau aufreißen und sie mit zu sich nach Hause nehmen möchte, unbedingt in Küche, Bad, Wohn- und Schlafzimmer vorrätig haben? Es gibt da nämlich schon ein paar Dinge, die dazu beitragen können, den Abend und die Nacht ein wenig individuell zu gestalten. Fangen wir mal mit der Küche an.

Küche

Wenn Sie sie nicht gerade zum Essen einladen, haben Sie selbstverständlich in dem Moment, in dem Sie sie mit nach Hause bringen, keine großen Kocharien vor. Sollen Sie auch nicht. Trotzdem: Man weiß nie, ob Sie beide nicht plötzlich Hunger bekommen – aber nicht mehr aus dem Haus gehen wollen. Für solche Fälle halten Sie ein paar schnell zuzubereitende Speisen und exklusives Dosenfutter bereit:

Kalt: Nüsse aller Art, eventuell mit Rosinen gemischt. Oliven, geräucherte Austern, diverse Patés, verschiedene Käsesorten, Datteln, Feigen, Obst – und alles, wonach es Sie gelüstet, wenn Sie durch die Delikatessenabteilung eines Kaufhauses gehen.

Warm: verschiedene Dosensuppen (Creme fraiche zum Garnieren, Sherry zum Verfeinern!), Spaghetti, fertige Sauce (aus dem Glas), Steaks (die können Sie im Gefrierfach aufheben), Pizza (müssen Sie nur in den Ofen schieben) und alles, was gut schmeckt, schnell anzurichten ist und was man jederzeit im Haus haben kann.

Wohn- und Schlafzimmer:

Kerzen, Kerzen, Kerzen. Nicht nur deshalb, weil Kerzenlicht romantisch ist, sondern auch, weil es so viel freundlicher mit unserem (und Ihrem!) Aussehen umgeht. Vor allem, wenn es spät nachts ist. Dimmer – grelles Licht sorgt nicht für die Stimmung, in der Sie gern mit einer Frau zusammenwären. Getränke: eine kleine Auswahl verschiedener Weine, eine Flasche Champagner, ein paar harte Getränke und der entsprechende Mix darf in keinem Haushalt fehlen. Nichtalkoholische Getränke sollten Sie auch parat haben.

Bad

Um es gleich vorweg zu sagen: Meine Freundinnen Monika, Heidemarie und Conny stimmen hier nicht mit mir überein. (Sie haben mich ausdrücklich gebeten, das klarzustellen, weil wir sonst so ziemlich einer Meinung sind.) Nun denn, meiner Ansicht nach – und meine Freundin Helen unterstützt mich hierin – sollte ein Mann nicht nur

– frische Handtücher,
– neue Zahnbürsten (originalverpackt), sondern eben auch

- Abschmink-Lotion,
- Gesichtswasser,
- Gesichtscreme (getönt) und
- Tampons

im Bad haben. Hier sind meine Gründe dafür:

- Wenn die Frau nicht damit gerechnet hat, die Nacht über bei Ihnen zu landen, wird sie kaum Abschminke und Gesichtscreme bei sich tragen. Und selbst wenn sie es fertigbringt, mit dem alten Make-up im Gesicht einzuschlafen, ist es ein gräßliches Gefühl, damit aufzuwachen. Und mit Wasser und Seife geht das Zeug nun mal nicht runter.
- Tampons – weil man nie vor Überraschungen sicher ist.

Die Argumente, die Monika, Heidemarie und Conny gegen diese Vorräte (nicht die Handtücher und die Zahnbürsten!!!) einzuwenden haben, sind:

- Einmal sieht es nach »Durchgangsverkehr« aus – und die Frau könnte das Gefühl haben, eine von vielen zu sein. (Selbst wenn sie es ist, muß man es ihr nicht unter die Nase reiben!)
- Zweitens hat jede Frau einen anderen Hauttyp, und der Knabe kann schließlich nicht sämtliche Präparate sämtlicher Kosmetikfirmen vorrätig haben.

Darüber gab's dann eine lange Diskussion am Telefon – München (Helen und ich) – Lübeck (Conny und Monika –) Hamburg (Heidemarie), damit ich Ihnen wirklich nichts Falsches erzähle. Letztlich möchte ich nicht schuld daran sein, daß die Frau, die Sie nun glücklich in Ihre Wohnung geschleppt haben, mit einem Entsetzensschrei wieder davonrennt. Nun haben wir uns auf folgendes geeinigt:

- Wenn Sie an Damen wie Monika oder Conny oder Heidemarie geraten, lassen Sie das Zeug einfach wortlos im Schrank stehen.
- Oder Sie sorgen dafür, daß die Flaschen und Cremetuben – auch wenn sie es selbstverständlich nicht sind – wie neu aussehen. Dazu besorgen Sie jeweils eine kleine und eine große Flasche davon und füllen die kleine immer wieder ordentlich auf (Schraubverschlüsse gut abputzen!). Cremetuben (aus Plastik!) können als »neu« durchgehen, solange sie bis zu zwei Drittel gefüllt sind. Dann müssen Sie neue besorgen.
- Wenn Sie sich diesen zugegebenermaßen teuren Spaß nicht leisten können, erzählen Sie einfach, die Kosmetika gehören Ihrer Schwester. Auch wenn Sie keine haben – das kann sie ja nicht wissen. Und wenn Ihre Schwester hin und wieder in Ihrer Stadt, sprich bei Ihnen, zu Besuch ist, hat sie eben besagte Dinge gern um sich. Sie wohnt dann nämlich bei Ihnen.

Wenn Sie allerdings an Frauen wie Helen oder mich geraten, tun Sie uns einen Gefallen: Stellen Sie uns den Krempel hin, damit wir ihn benutzen können. Denn so verbissen sehen wir das nicht. Vor allem dann nicht, wenn wir Ihnen spontan ins Haus gefallen sind (sonst hätten wir natürlich unseren eigenen Kosmetikkoffer dabei). Ihre anderen Freundinnen oder die one-night stands, die vor uns da waren, stören uns auch nicht (solange das Bett frisch bezogen ist!). Wir können nicht erwarten, daß Sie, bevor Sie uns trafen, wie ein Mönch gelebt haben. Statt dessen finden wir es zuvorkommend, wenn Sie die umstrittenen Kosmetika im Haus haben. (Bei uns finden Sie schließlich auch Rasierapparat und After-Shave. Und bei Monika und Heidemarie und Conny auch – nur offiziell gehört das Zeug bei den dreien dem jeweiligen Bruder ...!) Und überhaupt, wenn wir einfach mit zu Ihnen kommen, sind Sie vielleicht auch nur ein netter one-nighter – wie kämen wir also dazu, uns Gedanken über Ihre anderen Frauen zu machen!

Welche Präparate welcher Firma Sie besorgen sollten, hängt teilweise von Ihrem Geldbeutel ab. Wenn Sie sich allerdings dazu durchringen können, uns besagte Kosmetika zu offerieren, sollten Sie eine gute (sprich: leider auch nicht gerade billige) Marke nehmen, die allergiegeprüfte Kosmetika herstellt. Wer das tut, erfahren Sie in jeder guten Parfümerie. Unbedingt unerläßlich sind:

– Abschmink-Lotion für die empfindliche Haut,
– Gesichtswasser ohne Alkohol,
– Tagescreme (getönt) für die normale Haut.

Mag sein, daß Sie hier nicht unbedingt den Nagel auf den Kopf getroffen haben, aber mit dieser Auswahl können Sie wenigstens keinen Schaden anrichten: Gesichtswasser ohne Alkohol verträgt jede Frau, Gesichtswasser mit Alkohol nicht.

Falls Sie, was wir alle schwer hoffen, für Badewannenspäße zu haben sind, sollten Sie unbedingt eine Auswahl verschiedener wohlduftender Badeöle und anderer Badezusätze haben. Und verschiedene, dezent parfümierte Seifen. Eben für jede Stimmung etwas ...

Wasser ist zum Waschen da

»Willst du eine reizende Damenbekannt-
schaft machen? Vergiß, dich zu rasieren.«

KURT TUCHOLSKY

Das ist aber auch alles, was Sie vergessen dürfen. Es
nützt Ihnen nämlich gar nichts, eine Frau aufzureißen,
die dann mit Gruseln feststellt, daß sie Sie erst einmal
unter fließendes Wasser halten und von Kopf bis Fuß
abschrubben müßte, um Sie anzufassen. Sie werden es
kaum glauben, wieviele Dreckspatzen in Deutschland –
und nicht nur da – herumlaufen. Wenn man sogenannte
»Repräsentativ-Umfragen« liest, bekommt man das
kalte Grausen. Es soll tatsächlich eine Unmenge Leute
geben, die nur freitags (oder samstags) baden. Und einmal wöchentlich die Unterwäsche wechseln.

Igittigitt! Für Sie hingegen ist es hoffentlich selbstverständlich, daß Sie

– täglich duschen oder baden,
– sich täglich mindestens zweimal die Zähne putzen,
– ein Deodorant benutzen,
– Ihre Unterwäsche, Socken, Hemden täglich wechseln,
– nicht glauben, es sei männlich, Fingernägel zu kauen,
  nur weil Omar Sharif das tut
– keine schwarzen Trauerränder unter langen, unge-

pflegten Nägeln zeigen. (Das Recht, mit langen, scharfen Krallen über einen schönen Rücken zu fahren, möchten wir Frauen uns gern vorbehalten!)

- Ihr Haar, wenn schon nicht täglich, so doch zumindest alle zwei Tage waschen und es dann und wann auch einmal vom Friseur nachschneiden lassen.
- Ihre Haut so pflegen, daß sie schön samtig ist und wir uns gerne daran kuscheln.
- auf Ihre Figur achten. Sie sind nicht die einzige Spezies, die wohlproportionierte Menschen mag ...
- nicht schlampig herumlaufen. Ihre Kleidung sollte sauber sein – auch wenn mal wieder ein Gammel-Look in ist. Und das, was Sie tragen, sollte zu Ihrem Typ passen.

Wo? Im Museum, Theater, Konzert

»Der Endzweck der Künste ist Vergnügen.«
LESSING

Sie brauchen gar nicht zu gähnen, wenn Sie jetzt lesen, daß Stätten der Kunst mit zu den ergiebigsten Jagdrevieren überhaupt gehören. Nicht nur für Männer, auch für Frauen – und das erleichtert Ihnen die Sache ungemein. Denn das weibliche Wesen, das in einschlägigen Frauenzeitschriften nachgelesen hat, daß es auch für »anständige« Mädchen keine Schande ist, sich in einem Museum ansprechen zu lassen, kommt Ihnen hier im wahrsten Sinne des Wortes auf halbem Weg entgegen.

Prinzipiell können Sie bei jedem Museums-, Theater- und Konzertbesuch gleichermaßen fündig werden. Das einzige, was Sie als generelle Regel im Kopf behalten müssen, ist folgendes:

- *Klassische Kunst* bringt Sie mit gelangweilten höheren Töchtern, die einen Ehemann suchen, zusammen.
- *Moderne Kunst* vermittelt Ihnen die Bekanntschaft(en) selbständiger Frauen, denen weniger an einem Ehemann als vielmehr an einem unterhaltsamen Flirt gelegen ist.
- Ausnahmen bestätigen die Regel.

Museen

Gerade weil diese Orte zum Aufreißen so beliebt sind, sollten Sie sich, um aus der Masse der balzenden Männer herauszuragen, einen originelleren Spruch als die anderen einfallen lassen. Murmelnde Selbstgespräche vor einem Gemälde, vor dem »sie« auch gerade steht, zu führen, ist ebenso tabu wie der Satz: »Sie sind bezaubernder als alle Kunstwerke, die hier ausgestellt sind.« Auch die Frage, wo Sie hier Rubens finden, können Sie sich sparen. Es gibt schließlich Museumsführer, die Sie als Mann von Welt lesen und sich somit alleine zurechtfinden können. Weiterhin gilt es zu beachten, daß Sie, wenn es zu einem Gespräch mit der Auserwählten kommt, keine Halbweisheiten von sich geben. Wenn Sie nichts von Kunst verstehen, geben Sie es ruhig zu. Falls »sie« darüber Bescheid weiß und Sie ihr sympathisch sind, wird sie Sie gerne aufklären. Wenn sie einen Modigliani ebensowenig von einem Klee unterscheiden kann wie Sie, dann haben Sie wenigstens schon eine Gemeinsamkeit entdeckt ... Peinlich kann die Situation für Sie nur werden, wenn Sie unausgegorenes Zeug erzählen – und dabei ertappt werden. Keine Frau, selbst wenn sie es vielleicht sogar darauf abgesehen hat, Sie einzufangen, fühlt sich durch offensichtliche Plumpheit geschmeichelt. Großartige Fachsimpeleien können Sie sich übrigens auch sparen. Wenn ihr wirklich an einer Superlektion über Kunstgeschichte gelegen ist, kann sie Vorlesungen darüber besuchen. Vergraulen Sie sie also nicht, indem Sie Lehrmeister spielen und alles wissen – oder schlimmer noch, alles besser wissen.

Nachdem nun klar sein dürfte, wie Sie's nicht machen, hier natürlich auch ein paar Anregungen dafür, wie man's machen kann. Die Taktik besteht aus drei Teilen.

Das Vorspiel

Wenn Sie eine Frau, die Sie interessiert, gesichtet haben, folgen Sie ihr zuerst einmal eine Weile unauffällig, sprich unaufdringlich, und beobachten ihre Verhaltensweise. Wenn Sie den Eindruck gewinnen, daß sie sich wirklich für die Kunstwerke interessiert, müssen Sie Stadium II selbstverständlich anders gestalten, als wenn Sie zu erkennen glauben, daß »sie« das Museum aus primär demselben Grund besucht wie Sie – nämlich, um es zu zweit wieder zu verlassen.

Wenn Sie zu wissen glauben, zu welcher der beiden Kategorien besagte Dame gehört, können Sie sich ein wenig näher an sie heranwagen. Lächeln Sie sie an – achten Sie auf ihre Reaktion. Lächelt sie zurück, ist das Spiel schon halb gewonnen. Schaut sie stur an Ihnen vorbei, gibt es immer noch mehrere Möglichkeiten:

a) sie ist kurzsichtig
b) sie ist schüchtern
c) sie möchte mühsam erobert werden
d) sie möchte nichts von Ihnen wissen. Zumindest *noch* nicht – aber das läßt sich ja vielleicht noch ändern.

Nun wird es, wenn Sie nicht gerade eine totale Aversion der Dame Ihnen gegenüber verspüren, Zeit, den direkten Annäherungsversuch zu wagen.

Der Spruch I

Er ist für die Kunstinteressierte gedacht, die sich in erster Linie in Anbetracht der Kunstgegenstände und weniger der zu erobernden Männer im Museum befindet. Nach Möglichkeit sollte das, was Sie sagen, mit dem Objekt, das sie gerade betrachtet, in irgendeinem Zusammenhang stehen. Damit ist nicht gemeint, daß Sie bei einer Tut-ench-Amon-Ausstellung über die derzeitigen Goldpreise reden sollen. Statt dessen wäre ein Satz angebracht wie: »Was hätte er sich wohl gedacht, wenn ihm damals jemand erzählt hätte, daß in knapp dreieinhalbtausend Jahren unzählige Menschen in aller Welt stundenlang schlangestehen, um seine Schätze bestaunen zu können ...?« oder: »Was Tiffany's macht, ist wirklich Tand dagegen, finden Sie nicht auch?« oder: »Meinen Sie, Liz Taylor kriegt Richard Burton irgendwann noch dazu, ihr was aus diesen Beständen zu erstehen?«

In einem Oldtimer-Museum, das Autos, Dampfloks, Kutschen ausstellt, fällt das Anbandeln besonders leicht. »Mein Wagen ist zwar nicht so schön, und gewaschen ist er auch nicht, aber dafür findet er garantiert immer den Weg in ein nettes Cafe. Hätten Sie Lust, mitzukommen?« Oder: »Wissen Sie, ob man diese Kutsche mieten kann? Ich würde gerne mal mit Ihnen darin spazierenfahren.«

In einem Museum für moderne Kunst können Sie sich, vorausgesetzt, daß Sie sportlich sind, vor einem Warhol oder Picasso auf den Kopf stellen. Wenn die Frau Ihrer Wahl Sie dann entgeistert anschaut, können Sie wieder auf die Füße kommen und sagen: »Ich war mir nicht sicher, ob das Bild auch richtig herum hängt.« Oder: »Ist das nicht das Gemälde, das ... gemalt hat, als er auf dem Kopf stand?« Sie können die Frau, mit der Sie anbandeln wollen, natürlich auch ganz einfach fragen, ob *sie* sich so ein Gemälde ins Wohnzimmer hängen würde ... Oder was sie an diesem und jenem Künstler so fasziniert ...

Auch bei den Klassikern brauchen Sie nicht todernst zu bleiben. Wenn irgendwo ein da Vinci in der Nähe ist, können Sie »sie« ruhig fragen, ob sie sich schon einmal überlegt hat, warum die Mona Lisa lächelt. Antworten, die Experten dazu gegeben haben, sind vielfältig. Manche glauben, sie lächle, weil sie sich auf die Verabredung mit einem Herrn freue. Andere behaupten, sie zeige ein tapferes Lächeln, um den Tod eines ihr nahestehenden Menschen nicht zu beweinen. Wieder andere sagen, ihr seien gerade ein paar Zähne gezogen worden. Und Tucholsky beantwortete die Frage mit dem Text eines amerikanischen Inserats: Die Mona Lisa lächelt, »weil sie Hitkinsons Verdauungspillen eingenommen hat und so von ihrer lästigen Verstopfung für immer befreit ist!«

Zu Rubens fällt einem auch schnell etwas ein. Etwa: »Das waren noch Zeiten, als nicht jede Frau ununterbrochen auf Diät war! Ich hoffe, Sie sind es auch nicht – ich würde Sie nämlich gern zum Essen einladen!«

Merke: Mit einem witzigen Spruch haben Sie wesentlich mehr Chancen, als wenn Sie verbissen versuchen, ein »intellektuelles« Gespräch über Kunst zu führen. Dazu ist schließlich, wenn Sie die Dame näher kennen, immer noch genügend Zeit ...

Der Spruch II

Ihn wenden Sie bei Frauen an, die mehr oder minder offensichtlich aus Interesse am lebendigen Objekt im Museum umherspazieren. Ihr können Sie ganz einfach erklären: »Mein Horoskop hat recht gehabt. Da stand nämlich drin, daß sich völlig neue Perspektiven ergeben würden, wenn ich mich heute den bildenden Künsten widme. Und schon treffe ich Sie …« Oder: »Sie sehen nicht so aus, als wenn Sie sich hier sonderlich amüsieren würden. Wollen wir nicht lieber einen Kaffee (ein Glas Wein) trinken gehen?« Oder: »Ich hab' da gerade ein Buch gelesen, in dem steht, daß die nettesten Mädchen (Frauen) in Museen zu finden sind. Drum bin ich hier – und es scheint wirklich zu stimmen.« Sie können natürlich auch Ihre Telefonnummer sauber, sprich: gut leserlich, auf ein Stück Papier schreiben, es »ihr« in die Hand drücken und sagen: »Das hab ich gerade für Sie gemalt …«

Abschleppen

Museen und Kunstgalerien haben einen großen Vorteil, den Sie nicht ungenutzt lassen sollten: Sie besitzen eine Caféteria. Wenn Sie der Frau, die Sie aufreißen wollen, nicht von Kopf bis Fuß unangenehm sind, wird es Ihnen, mit ein wenig Geschick, so gut wie immer gelingen, sie zu einer Tasse Kaffee und einer Zigarette zu überreden. (Letzteres fällt natürlich flach, wenn sie Nichtraucherin ist, es bietet aber einen ungeheuren Anreiz, wenn sie dem Nikotin, das sie in den Ausstellungsräumen nicht genießen kann, verfallen ist!) In besagter Caféteria haben Sie dann genügend Gelegenheit, Ihre Telefonnummern auszutauschen, sich gleich fest zu einem Drink, Essen oder anderen Museumsbesuch zu verabreden, oder auch zu beschließen, den Rest des Tages gemeinsam zu verbringen.

Noch ein Tip: Wenn Sie das Museum schon ohne Erfolg dreimal abgelaufen haben, setzen Sie sich allein in die Caféteria. Entweder entdecken Sie einen Tisch, an

dem schon eine hübsche Frau sitzt, zu der Sie sich gesellen können – oder Sie harren dort erst einmal der
Damen, die da kommen mögen …

Theater

Wer geht schon gerne aus freien Stücken alleine ins
Theater? Niemand. Niemand, den ich kenne, zumin-
dest. Wenn Sie also eine Frau ohne Herrenbegleitung im
Theater entdecken, hat das zumeist einen der folgenden
Gründe:

– Sie ist vom Hauptdarsteller fasziniert und sieht sich
  die Vorstellung in der Hoffnung, daß er sie eines Tages auch sieht, jeden Abend an.
– Sie hat es leid, jeden Abend wieder nichts im Fernsehprogramm zu finden, was sie interessieren könnte.
– Ihr fester Begleiter ist entweder auf Geschäftsreise
  oder hat nun mal kein Interesse an Shakespeare, Mo-
  lière, Stoppard.
– Sie liebt das Theater, würde es aber noch mehr lieben,
  dort einen Gleichgesinnten zu finden.

In jedem dieser Fälle dürfen Sie aber generell voraussetzen, daß die Frau, die Sie dort alleine treffen, entweder am Theater schlechthin oder zumindest an dem
Stück, das sie sich ansieht, Interesse hat. (Es gibt zwar
auch Frauen, denen weder das eine, noch das andere
Spaß macht, aber die sind dann in Herrenbegleitung …!)
Mit anderen Worten: Während Sie in Museen durchaus
Frauen aufreißen können, die Gotik nicht von Expres-
sionismus zu unterscheiden wissen, werden Sie im
Theater kaum eine Frau finden, deren Hauptinteresse
darauf gerichtet ist, einen Mann wie Sie kennenzulernen. Letztlich steht die Zeit, die man sich passiv verhal-

ten muß, in keinem Verhältnis zu der Viertelstunde Pause, in der man sich aktiv nach anderen Solisten umsehen kann. Das soll zwar nicht heißen, daß Sie im Theater wenig Chancen haben, Anschluß zu finden, aber es soll Sie davor warnen, sich das Theater als Jagdrevier auszusuchen, wenn Sie im Prinzip keine Freude daran haben. Außer wenn das Stück äußerst miserabel ist, können Sie einer Dame, die Sie interessiert, wohl kaum vorschlagen, die letzten drei Akte für einen Drink mit Ihnen sausen zu lassen, während Sie einen Museumsbesuch jederzeit abbrechen können, um sich anderen Dingen zu widmen ...

Grundsätzlich gilt auch im Theater: Lassen Sie sich nicht dazu hinreißen, mit der Frau Ihrer Wahl schon in den ersten dreißig Sekunden fachsimpeln zu wollen. So viel Zeit bleibt Ihnen in der Pause nämlich nicht. Was Sie statt dessen tun können, ist, »ihr« anzubieten, sich durch die Menge zu quälen und ihr einen Drink zu besorgen. Falls Sie fürchten, es nicht mehr zur Bar zu schaffen, nachdem Sie sie angesprochen haben, können Sie auch gleich einen Drink für sie bereithalten. Gin Tonic oder ein Glas Champagner oder trockener Rosé mag zwar nicht ihr Lieblingsgeträhk sein, aber hier ist es schließlich die Geste, die zählt. Den Drink können Sie ihr dann mit einem freundlichen Lächeln und Worten wie: »Ich hoffe, Gin Tonic ist Ihnen lieber als zu verdursten.« oder: »Ich hatte leider keine Zeit, Sie nach Ihrem Lieblingsdrink zu fragen, aber ich dachte mir, ein trockener Wein ist besser als nichts.« oder: »Ich hab mir gedacht, eine kleine Erfrischung kann nie schaden.« in die Hand drücken. Sollte Ihnen Zeit bleiben, die Frau, die Sie aufreißen wollen, danach zu fragen, was sie trinken möchte, reden Sie nicht lange um den heißen Brei herum. Sagen Sie einfach: »Ich könnte es nicht ertragen, wenn Sie sich in das Gewühl an der Bar stürzen müßten – was kann ich Ihnen mitbringen?« oder: »Sie mögen doch sicherlich auch ein Glas Champagner – bleiben Sie ganz ruhig hier stehen, ich bin sofort wieder da!« So ein Satz gibt ihr immer noch Gelegenheit zu sagen, daß sie lieber Wodka mit Orangensaft hätte.

Sollte sie schon etwas zu trinken in der Hand haben und eine Zigarette rauchen, gibt es auch gute Anknüpfungspunkte. Einmal kann man ihr sagen, man wünschte, man würde selbst nicht auf dem Trockenen sitzen (»Wie haben Sie das denn so schnell geschafft, was zu trinken zu bekommen?«) und man kann, wenn man selbst Raucher ist, seine Erleichterung darüber ausdrücken, daß wenigstens im Foyer geraucht werden darf.

Grundsätzlich macht es keinen großen Unterschied, mit welchem Spruch Sie ein Gespräch anfangen. Solange »sie« darauf eingeht, braucht man das Pausengespräch bis zum Klingelzeichen nicht abbrechen zu lassen. Und dann – dann muß man tief Luft holen und sich mit ihr an der Stelle, an der man gerade steht – die findet sie nämlich wieder! – für nach Ende der Vorstellung verabreden.

Sollten Sie die Frau, die Sie unbedingt kennenlernen möchten, erst nach Theaterschluß entdecken, können Sie ihr immerhin noch anbieten, daß Sie ihr ihren Mantel oder ihre Jacke von der Gaderobe mitbringen. Auch, versteht sich, damit sie nicht im Gewühl zerdrückt wird. Das wäre doch zu schade um sie – vor allem, weil Sie sie doch gerade erst gesichtet haben und sie gerne noch auf einen Drink oder zu einem Abendessen einladen würden.

Das Lokal, das Sie vorschlagen, befindet sich natürlich in Theaternähe und ist, außer es gießt in Strömen, zu Fuß zu erreichen. So machen Sie einen solideren Eindruck – keine Frau steigt nachts zu einem Fremden ins Auto, wenn er nicht Taxifahrer oder Notarzt ist. Wenn gerade dieses schnuckelige Lokal bis auf den letzten Platz besetzt ist – andere Leute wissen auch, was gut ist, und Sie hatten (natürlich) nicht gebucht –, dann, aber erst dann dürfen Sie vorschlagen, in ein anderes Lokal zu fahren. Kennt sie eines, in das sie gern gehen würde? (Sie fragen sie deshalb, damit sie nicht den Eindruck gewinnen könnte, daß Sie sie verschleppen wollen!) Wenn ihr kein Lokal einfällt, dann sind Sie wieder mit Vorschlägen an der Reihe. Wie sie zu dem Restaurant, dem Bistro oder der Bar gelangen, können Sie ja dann mit ihr besprechen. Wenn Sie beide ein Auto haben, wird sie vermutlich hinter Ihnen herfahren. Wenn sie keines hat und Sie motorisiert sind, sollten Sie ihr trotzdem noch die Möglichkeit lassen, lieber gemeinsam mit einem Taxi zu fahren. Wenn keiner von Ihnen einen Wagen hat, erübrigt sich eine große Diskussion.

Was aber, wenn sie zwar gern noch mit Ihnen essen oder einen Drink nehmen würde, aber gerade heute absolut keine Zeit hat? Dann verabreden Sie sich einfach für einen anderen Zeitpunkt und/oder tauschen Telefonnummern aus ....

Konzerte

Klassische Konzerte werden wie »Theater« behandelt. Anderes bleibt Ihnen in der zumeist gediegenen Atmosphäre nicht übrig.

Rock-Konzerte fallen in zwei Kategorien. Bei denen,

wo die Plätze numeriert sind und Ruhe im Saal herrscht, während, wenn van Morrison oder James Taylor auf der Bühne steht, müssen Sie so vorgehen, wie Sie es bei Klassischen Konzerten tun – nämlich wie im Theater. Einziger Unterschied: Wenn Sie und die Frau Ihrer Wahl die sechziger Jahre noch – wenngleich vielleicht nur knapp – miterlebt haben, dürfen Sie fachsimpeln. »Wird Ihnen nicht auch ganz anders, wenn Sie James Taylor *Fire and Rain* singen hören?« »Wissen Sie auch noch, wie Joe Cocker in Woodstock *With a little Help from my Friends* gesungen hat?« »Ist es nicht erstaunlich, daß Dr. Hook immer wieder mit starken Titeln aufwarten …?« »Finden Sie es nicht auch erfreulich, daß neuerdings wieder so dufte Bands wie Foreigner auftauchen?«

Erst bei Rock-Konzerten, wo jeder umherlaufen kann, wie es ihm beliebt, wo es links und rechts nach Marihuana duftet, wo getanzt und geklatscht wird, haben Sie mehr Möglichkeiten, Mädchen anzumachen. Die erste Gelegenheit bietet sich, während die Vorgruppe spielt. Meistens – Ausnahmen bestätigen allerdings die Regel – lohnt sie sich nicht anzuhören, und die Bar und die Flure wimmeln nur so von Frauen, die nicht schon Ohrenschmerzen haben wollen, bevor es richtig losgeht. Anknüpfungspunkt ist auch hier ein »fachgerechter« Spruch. »Einerseits finde ich es ja gräßlich, daß man erst diese Katzenmusik abwarten muß, bis man endlich das hört, wofür man hergekommen ist. Andererseits bin ich heute dafür ganz dankbar, sonst wäre ich Ihnen vielleicht nicht in den Weg gerannt …«

Ansonsten findet man bei den gerade beschriebenen Rock-Konzerten schnell Anschluß, wenn man »sie« fragt, ob sie weiß, wer da gerade den Joint raucht – oder ob sie mal ziehen möchte. Das alles muß natürlich in einem Ton passieren, der »sie« Sie nicht mit einem Polizisten vom Drogendezernat verwechseln läßt.

Weil's bei besagten Konzerten zumeist auch fast unerträglich heiß und stickig ist, können Sie sie ohne weiteres zu einer Erfrischung einladen. Wenn das Konzert zu Ende ist, versteht sich.

Noch zwei Dinge: Sollten Sie bereits graue Schläfen haben, werden Sie sich natürlich hüten, zu einem Punk-Konzert zu gehen und dort versuchen zu wollen, mit flotten Sprüchen kleine Mädchen aufzureißen. Man soll nichts übertreiben.

Und falls es Ihnen auch sonst weniger um das Konzert als ums Aufreißen geht, halten Sie sich von Heino und Peter Alexander fern. Die Frauen, die Sie hier finden, suchen meistens was für's Herz – und für immer . . .

Wo? In Bibliotheken und Bücherläden

»Es gibt nichts Schöneres, als mit einem gut-
ten Buch ins Bett zu gehen – oder mit einem
Mann, der eins gelesen hat.«

UNBEKANNTE AUTORIN

In Bibliotheken und Bücherläden wimmelt es nur so von
Frauen, die Sie aufreißen können. Mehr noch: Als wenn
Sie sie darum gebeten hätten, haben sich die verschiedenen Frauentypen selbst dort so richtig schön vorsortiert:

- Liebesromane: Wenn Ihnen danach ist, den Prinzen
  zu spielen, der Aschenputtel von seinem tristen Alltag erlöst, sind Sie hier gerade richtig.
- Kriminalromane: Hier finden Sie die selbständige -
  Frau, die sich nach anstrengender, meist geistiger Arbeit mit einem Thriller entspannen möchte. Den Job
  können Sie sicherlich genausogut, wenn nicht besser,
  übernehmen.
  - Science Fiction: Diese Frau ist durch nichts aus der
  Fassung zu bringen. Wohl auch nicht durch den Gedanken, daß sie Sie in Zukunft um sich haben könnte ...
- Dichtung: Wenn Sie ihr das, was Sie ihr sagen wollen,

in einen Hölderlin-Vers einwickeln, ist der Abend schon gelaufen. Sie liebt das Besondere – warum also nicht auch Sie?

- PSI-Literatur: An diese Frau sollten Sie sich nur Heranwagen, wenn Sie Heilpraktiker oder wirklich übersinnlich sind.
- Psychologie: Hier dürften Sie normalerweise ein leichtes Spiel haben. Allerdings laufen Sie gleichzeitig Gefahr, daß die Frau, die Sie hier treffen, neurotisch ist.
- Tierbücher: Von ihren Mitmenschen enttäuscht, hat sie sich Hunden, Katzen, sonstigem Getier zugewendet. Dieser Frau sollten Sie sich nur nähern, wenn es Ihnen nichts ausmacht, daß Waldi oder Mieze ihr Bett ebenfalls teilen.
- Ernährungswissenschaft: Sie lebt höchstwahrscheinlich makrobiotisch, und das ist Ihnen sicherlich zu gesund.
- Kochbücher: Wenn sie gerade in »Preiswerte Menüs für die Großfamilie« oder »Deftige Hausmannskost bayerischer Art« blättert, lassen Sie die Hände weg. Wenn ihr beim Essen schon nichts einfällt, hat sie sonst sicher auch keine umwerfenden Ideen. Liest sie aber gerade in »Jedes Gericht ein Aphrodisiakum« oder »Fanny Hills Kochbuch«, ist sie gewiß auch selbst eine Delikatesse.
- Musikbücher: Wenn sie über Musik lesen muß, will sie über Sex sicher nur reden.
- Malerei: Das Thema interessiert sie entweder tatsächlich – sonst würden Sie sie im Museum treffen –, oder sie bereitet sich gerade geschickt auf einen Museumsbesuch vor. Welche der beiden Möglichkeiten zutrifft, das herauszufinden bleibt Ihnen überlassen.

- Wissenschaft: Diese Frau liebt das Seriöse – und ist meistens unausgelastet. Die Chancen, daß Sie sich mit ihr in den Pausen unterhalten können, stehen gut.
- Humor: Ihr können Sie es getrost sagen, daß Sie Affairen nicht allzu verbissen sehen.
- Frauenliteratur: Achten Sie auf ihre Erscheinung. Trägt sie Make-up und ist auch sonst ansehnlich herausgeputzt, sucht sie sicherlich gerade ein Buch, wie eine Frau es lernt, ohne Mann auszukommen – weil Not am Mann ist, versteht sich. Hier können Sie einspringen. Sieht sie allerdings eher wie ein farbloses Neutrum aus, rennen Sie, so schnell Sie können. Sonst laufen Sie Gefahr, kastriert zu werden.
- Philosophie: Sie sucht wahrscheinlich gerade nach dem Sinn des Lebens. Warum erzählen Sie ihr nicht, daß der Sinn des Lebens ganz einfach darin besteht, so viel Spaß wie möglich zu haben …?
- Frauen, die Schiller, Goethe, Bronte, Shakespeare und ähnliche lesen, haben offensichtlich nichts Amüsanteres mit ihrer Zeit anzufangen. Hier dürften Sie als unterhaltsame Abwechslung wie gerufen kommen!
- Frauen, die in Xaviera Hollander, Alex Comfort, Molly Parkin, Erika de Jong, Linda Lovelace lesen, können höchstwahrscheinlich jemanden gebrauchen, der die Seiten für sie umblättert.
- Frauen, die Bukowski oder dieses Buch in der Hand halten, vertragen es, wenn Sie ohne großes Bla-Bla sagen, was Sie wollen. Hier müssen Sie dann allerdings darauf gefaßt sein, auf eine direkte Frage eine ebenso direkte Antwort zu bekommen.

Sobald Sie die Frau, die Sie erobern wollen, geortet haben, schenken Sie ihr, je nachdem, bei welcher Art von Büchern sie steht, ein kesses, schüchternes, freundliches, aufmunterndes oder verliebtes Lächeln. Aus ihrer Reaktion erkennen Sie dann schon, ob es einen Sinn hat, einen Ihrer Sprüche anzubringen.

Bibliotheken

Zur Charakteristik dieser Räumlichkeiten gehört es, daß hier zumeist Grabesstille herrscht. Folglich müssen Sie den Satz, den Sie anbringen wollen, im Flüsterton vorbringen. Denn es ist wohl kaum in Ihrem Interesse, daß sich plötzlich alle Köpfe nach Ihnen herumdrehen.

Was Ihren Spruch angeht, so ist es immer günstig, wenn er sich auf die Thematik oder den Schriftsteller, mit der oder dem sie gerade beschäftigt ist, bezieht. Bei Goethe können Sie zum Beispiel sagen: »Ich dachte, der große Rummel um ihn sei für die nächsten fünfzig Jahre vorbei« oder: »›Erlaubt ist, was gefällt‹, wie wär's wenn wir einen Kaffee miteinander trinken würden?«

Wenn sie Schiller liest, können Sie ihr mit treuem Augenaufschlag sagen: »Ich bin besser als mein Ruf.« – und wenn sie gerade in französischer Literatur aufgeht, können Sie ihr mit »Honni soit qui mal y pense« (Schande dem, der dabei Böses denkt) klarmachen, daß Sie nichts Übles im Sinn haben ...

Sollte Ihnen zu dem Buch, in dem »sie« gerade blättert, nichts einfallen, ist ein neutraler Spruch besser, als ihr ein Lessing-Zitat um die Ohren zu hauen, wenn sie gerade Kleist liest.

– »Es ist wie verhext, immer sind die Bücher, die ich gerade ausleihen möchte, nicht im Haus. Passiert Ihnen das auch?«

- »Die humoristischen Bücher, die hier stehen, tun mir richtig leid. In der Totenstille, die hier herrscht, traut sich niemand über die Gags, die da drinstehen, zu lachen.«
- »Haben Sie Lust auf eine Kaffee- oder Zigarettenpause?«
- »Lachen *gesehen* habe ich Sie gerade (vorausgesetzt natürlich, sie hat Sie angelächelt!), jetzt würd' ich Sie nur noch gerne lachen *hören*. Aber hier drinnen geht das so schlecht, sollen wir nach draußen gehen?«

Bücherladen

Hier können Sie in normalem Tonfall reden. Das macht die ganze Angelegenheit schon wesentlich angenehmer. Günstig ist auch, daß Frauen, die in den verschiedenen Bücherecken stöbern, oft kein bestimmtes Buch, sondern ein Buch bestimmter Art kaufen wollen. (Sonst hätten sie die Verkäuferin gebeten, *Das Parsifal Mosaik* für sie zu suchen, hätten gezahlt und wären wieder verschwunden.) Sollte die Frau, die Sie vom Lesen abhalten wollen, in Büchern wühlen, von denen Sie etwas verstehen, können Sie Ihren Auftritt gar nicht mehr verpatzen. Sie können ihr nämlich sagen, was sich zu lesen lohnt – und was nicht. Begründen können Sie das, wenn sie Sie danach fragt, selbstverständlich auch ...

Sie können den Spieß natürlich auch umdrehen und »sie« um ihren Rat fragen. Das setzt allerdings meistens voraus, daß Sie sie schon eine ganze Weile dabei beobachtet haben, wie sie ein Buch nach dem anderen aus dem Regal gezogen, angelesen, wieder weggestellt hat. Wenn Sie es geschickt timen, können Sie auch – mit irgendeinem witzigen Buch in der Hand – plötzlich laut loslachen. Wenn »sie« Sie verdutzt anschaut, sagen Sie einfach: »Das ist so komisch, das müssen Sie lesen ...«

Ansonsten können Sie hier auch den Kaufhaus-Trick anwenden, bei dem Sie sie bitten, Ihnen bei der Auswahl eines Buchs behilflich zu sein. Das geht allerdings am ehesten bei Kunstbüchern. Wenn es zwei, drei Bücher über Michelangelo oder da Vinci gibt, können Sie sie fragen, welches sie als Geschenk für ihren Vater, Bruder oder sonstwen am schönsten fände. Vorausgesetzt, Sie sind ihr sympathisch und sie muß nicht unbedingt die nächste Straßenbahn kriegen, wird sie Ihnen sicherlich bei der Auswahl behilflich sein. Sie können Ihr, wenn Sie ganz mutig sind, auch dieses Buch in die Hand drücken und sie fragen, welcher Spruch sie am ehesten davon überzeugen würde, daß sie unbedingt mit Ihnen einen Kaffee trinken gehen muß ...

Wo? In Kaufhäusern und Supermärkten

> »Dem, der nichts dem Zufall überläßt, wird
> wenig mißlingen – doch er wird auch nur
> wenig unternehmen.«
>
> HALIFAX

Kaufhäuser, Geschenkboutiquen, Supermärkte sind wahre Fundgruben – nicht nur für Dinge, die man kaufen kann. Hier gibt es natürlich auch zwei Grundregeln:

- Vermeiden Sie sämtliche Läden zur Sommerschluß-, Winterschluß- und sonstiger Ausverkaufszeit.
- Gehen Sie nie kurz vor Geschäftsschluß »einkaufen«. Es sei denn, Sie haben es nicht auf eine Kundin, sondern die niedliche Verkäuferin abgesehen.

Kaufhäuser

Prinzipiell haben Sie in jeder Abteilung Gelegenheit, genau das, oder vielmehr die, zu finden, die Sie suchen: Hinter den Theken und Kassen wimmelt es nur so von weiblichen Wesen aller Altersgruppen und Typen: vom jungen Mädchen, das den Job nur so lange macht, bis es geheiratet wird und sich dann nur noch der Familie widmet, bis zur Studentin, die sich ihre Berufsausbildung verdient und nicht im Traum daran denkt, eines Tages nur Ihre Blumen zu gießen und Ihre Kinder zu kriegen.

»Vorsortiert« haben Sie die Frauen auch relativ schnell, weil die meisten von ihnen auch heute noch dazu neigen, einen Verlobungs- oder Ehering zu tragen, wenn sie einen besitzen.

Personal

Mit dem Personal anzubandeln ist das geringste Problem. Schließlich ist es dazu da, Sie zu beraten und Ihnen bei Ihren Einkäufen zu helfen. Dabei läßt sich, selbst wenn Sie nicht zu den einfallsreichsten Männern gehören, mühelos ein Gespräch anfangen.

Was Sie allerdings unter keinen Umständen tun dürfen, ist, einer Verkäuferin, gleichgültig ob sie im Streß steht oder nicht, den Nerv damit zu töten, daß Sie sie stundenlang beschäftigen und dann nicht einmal eine Tafel Schokolade oder einen Teller kaufen. Sonst könnte sie schnell das Gefühl bekommen, Sie wollen sie auf – nicht in – den Arm nehmen.

Versuchen Sie's statt dessen mal mit der Masche, die mein Freund Peter außerordentlich erfolgreich anwendet: Anstatt an einem Tag die sechs Teller, die er brauchte, zu kaufen, erstand er jeden Tag – bei derselben Verkäuferin, versteht sich – einen. Bis sie ihn, ohne indiskret sein zu wollen, fragte, was er damit bezwecke. »Sie kennenlernen« war seine Antwort. Dazu gab sie ihm daraufhin auch prompt Gelegenheit ... Peter hat es auch schon fertiggebracht, jeden Tag ein Paar Handschuhe, ein kleines Kinderspielzeug, einen Kamm, eine Schallplatte, und was weiß ich noch, zu kaufen. Immer so lange, bis die Verkäuferin, die er aufreißen wollte, ihn endlich auf seine eigenartige Gewohnheit ansprach ... In der Möbelabteilung ist diese Masche natürlich kaum drin. Es sei denn, Sie wollen sich sowieso gerade neu einrichten. Aber es gibt noch andere Möglichkeiten, mit dem Personal warm zu werden:

- Drücken Sie ihr einfach einen kleinen Frühlingsstrauß – wenn's unbedingt sein muß, auch eine Rose – in die Hand. Dazu können Sie dann sagen: »Ich wollte ihnen nur eine kleine Freude machen, damit Sie was zu lachen haben, wenn irgendein Kunde sie heute nervt.«
- Laden Sie sie ganz einfach zu einem Kaffee, einem Drink, einem Essen ein. »Ich würde Sie gern kennenlernen, aber hier kann man so schlecht reden.« oder »Das Kantinenessen kennen Sie sicher schon auswendig, hätten Sie Lust, mit mir ins Restaurant zu gehen?« (Wenn die Mittagspause zu kurz ist, um außerhalb essen zu gehen, schlagen Sie das Kaufhausrestaurant – nicht den Schnellimbiß! – vor. Das ist immer noch besser als die Kantine.)
- Wenn sie – kurz vor Geschäftsschluß – einen gestreßten Eindruck macht, sagen Sie einfach: »Sie sehen ganz so aus, als könnten Sie einen Drink gebrauchen ...«

Kundinnen

Auch hier haben Sie grundsätzlich in jeder Kaufhausabteilung Gelegenheit, mit einer Frau anzubandeln. Die Baby- und Kinderbekleidungsabteilung und das Spielwaren- und Herrenbekleidungsdepartment sind zwar mit Vorsicht zu genießen, aber auch hier ist es absolut drin, daß »sie« für ihr Patenkind oder ihren Vater einkauft.

Um in der Damenbekleidungsabteilung auf Jagd zu

gehen, brauchen Sie wohl ein wenig mehr Chuzpe als in anderen Abteilungen – schließlich haben Sie da als Mann nichts zu suchen. Es sei denn, Sie wollen Ihrer Schwester oder Mutter einen Pullover, eine Bluse schenken. Und wenn das so ist, können Sie natürlich eine Kundin, deren geschmackvolle Erscheinung Sie bewundern, um Rat und Hilfe bitten ... Bei selbiger Gelegenheit können Sie natürlich auch über eine Frau stolpern, die gerade ein Kleid, eine Bluse, einen Hosenanzug anprobiert und sich derzeit damit begnügt, den Spiegel nach seiner Meinung zu fragen. Schon können Sie einhaken und Ihr sagen, ob ihr besagtes Kleidungsstück steht. Und wie. Und natürlich, daß Sie nichts mehr entzücken würde, als wenn die Trägerin das neue Kleid mit Ihnen einweihen würde. Bei einer Tasse Kaffee. Oder Tee. Oder, wenn's ein schickes ist, bei einem Theaterbesuch ...

Die Parfümerieabteilung ist als Jagdrevier wie geschaffen. Eine Frau, die sich ihr eigenes Parfum kauft, hat zumeist keinen Mann greifbar, der es ihr schenkt. Wenn Sie gerade gut bei Kasse sind und die Frau Sie wirklich fasziniert, können Sie, unter Aufbietung Ihres gesamten Charmes, sagen: »Ich finde, keine Frau sollte sich ihr Parfum alleine kaufen – lassen Sie mich das mal machen.« Dann gehen Sie damit zur Kasse, zahlen, drücken ihr die Tüte in die Hand und machen auf dem Absatz kehrt. Nicht zu schnell, versteht sich, denn sie soll ja noch Gelegenheit haben, Ihnen nachzukommen und dankeschön zu sagen ... Dieses Spielchen müssen Sie dann besonders cool weiterspielen. Sie soll schließlich nicht glauben, daß Sie sie »kaufen« wollten. So trinken Sie am besten mit ihr noch eine Tasse Kaffee – und verabreden sich für einen andern Tag ...

Bei Parfümerieartikeln, wie Haarwaschmitteln, Seife, Badezusätzen, können Sie sich als Mann ruhig »ihren« Rat holen. »Was hilft gegen Schuppen?« fragen Sie natürlich *nicht!* Oder Sie können sich einfach eine Dame greifen und sie bitten, Ihnen bei der Auswahl eines Rasierwassers, eines Eau de toilette oder was der Herr sonst noch braucht, behilflich zu sein. Woher sollen Sie wissen, ob ein Duft Ihnen steht, wenn niemand da ist, den Sie fragen können?

Den Trick, sich von ihr helfen zu lassen, können Sie auch in anderen Abteilungen anwenden. Gleichgültig, wo Sie der Frau, die Sie anmachen wollen, über den Weg laufen, fragen Sie sie einfach, ob sie ein paar Minuten Zeit hat und so lieb wäre, Ihnen dabei behilflich zu sein, eine neue Krawatte, ein Hemd, Manschettenknöpfe, einen Anzug auszusuchen ... Das tun Sie allerdings nur, wenn Sie gerade wirklich eine Krawatte, ein Hemd, Manschettenknöpfe, einen Anzug brauchen. Denn Sie sollten dann ihrem Rat auch folgen und besagtes Stück kaufen. Es sei denn, ihr Geschmack ist so unterentwickelt, daß Sie sich darin nicht blicken lassen können. Aber dann haben Sie sowieso nicht viel verloren, wenn Sie die Dame verärgern. Sollte es in dem Kaufhaus, in dem Sie gerade sind, nichts nach Ihrer beider Geschmack geben, können Sie sie vielleicht dazu bringen, mit Ihnen noch in einem anderen Laden nach dem was Sie erstehen wollen, zu suchen. Es muß ja nicht heute sein, wenn sie in diesem Augenblick keine Zeit mehr hat ... Es versteht sich wohl weiterhin von selbst, daß Sie das Kleidungsstück, das Sie mit ihr ausgesucht haben, nun auch gern mit ihr zusammen ausführen würden ...

Mit einer Frau, die unzählige Plastiktüten schleppt, ins Gespräch zu kommen, gehört zu den simpelsten

Methoden, die Sie in einem Kaufhaus anwenden können. Bieten Sie »ihr« einfach an, den ganzen Kram zu tragen, weil Sie es nicht mit ansehen können, daß sie sich so abrackert. Gleichzeitig können Sie sie zu einem Kaffee einladen, denn vom vielen Einkaufen ist sie sicherlich ganz kaputt ...

Apropos Kaufhaus-Caféteria: Eine der hübschesten Aufreißmethoden, die mir untergekommen sind, war folgende: Der junge Mann, der sich neben mich und meine vielen Tüten setzte und selbst in etwa die gleiche Anzahl Einkaufstüten in der Hand hatte, bot mir einfach an, die Tüten mit ihm zu tauschen. Irgendwann fingen wir dann an, unsere Einkäufe auszupacken. »Mein Rasierapparat gegen Ihre Aretha-Franklin- und Ray-Charles-Platten. So kann ich mich wenigstens bei Ihnen rasieren, und Sie können die Platten jederzeit bei mir hören.« »Ihre Bluse gegen meinen Pullover, so können Sie sich bei mir und ich mich bei Ihnen umziehen ...« Wenn Sie es schaffen, diese Nummer charmant und witzig zu bringen, kann es durchaus sein, daß »ihre« Bluse wirklich in Ihrem Schrank landet und sie dafür Ihren Rasierapparat in ihrem Badezimmer deponiert ...

Die Schallplattenabteilung bietet ebenfalls ein großes Sortiment – nicht nur an Musik, sondern auch an Frauen. Hier haben Sie den besonderen Vorteil, daß Sie die Frau, die Ihnen gefällt, durch die Wahl ihrer Käufe erkennen können. Wenn »ihr« Geschmack auch der Ihre ist, haben Sie wenigstens schon eine Gemeinsamkeit, die Sie »entdecken« können. Wenn sie allerdings Stockhausen oder Heintje zur Kasse trägt, sollten Sie Vorsicht walten lassen. Wollen Sie sich das wirklich antun? Falls Sie es wirklich nicht lassen können, bleibt Ihnen höchstens noch eines: Fragen Sie sie, wem sie die LP zum Geburtstag schenkt. Wenn sie Sie daraufhin ungläubig anschaut oder gleich in Lobeshymnen über die Musik ausbricht, gibt es nur noch eines: Ergreifen Sie, so schnell Sie können, die Flucht ...

Die Sportabteilung ist, vorausgesetzt Sie sind selbst sportlich – oder zumindest einigermaßen gelenkig –, ein vorzügliches Jagdrevier. Wenn »sie« einen Tennisschläger kauft, können Sie sie fragen, wo sie spielt, wenn sie Reithosen kauft, wo sie reitet, wenn sie Skier kauft, wo sie Ski fährt – und so weiter. Und dann können Sie sie ganz einfach fragen, ob sie nicht Lust hätte, mal in Ihren Club mitzukommen – vorausgesetzt, Sie haben einen ...

In der Haushaltswarenabteilung wird es schon schwieriger. Zu Kochlöffeln und Dampfkochtöpfen kann einem beim besten Willen nicht viel einfallen. Hier heißt die Devise: weg vom direkten Thema. Sagen Sie statt dessen einfach: »Wenn Sie hier alles gekauft haben, was Sie brauchen, würde ich Sie gern zu einem Kaffee einladen.« Oder: »Wenn Sie hier alles gekauft haben, was Sie brauchen, können Sie sicherlich jemanden zum Tütentragen gebrauchen. Hier bin ich.«

Das Geschenkartikeldepartment hingegen bietet wieder viele Anknüpfungspunkte. Schnick-Schnack-Boutiquen natürlich ebenso. Hier können Sie die Dame, auf die Sie es abgesehen haben, mal wieder um Rat bitten. »Meine Sekretärin hat letztlich so viele Überstunden gemacht, meinen Sie, eine Frau würde sich über ... freuen?« Oder: »Meine Cousine gehört zu den Frauen, die einfach alles haben. Glauben Sie, dies hier wäre was Nettes für jemanden, von dem man nicht weiß, was man ihm schenken soll?« Oder: »Vielleicht können Sie mir helfen. Einmal brauche ich ein Gastgeschenk für eine Party, und zweitens würde ich Sie gern zu dieser Party mitnehmen ...« (Sollten Sie diesen Spruch bringen, müssen Sie natürlich umgehend dafür sorgen, daß jemand in Ihrem Bekanntenkreis schnellstens eine Party schmeißt!) Sie können sie natürlich auch fragen, welches Gesellschaftspiel Sie kaufen sollen – und sie dann einladen, mitzuspielen ...

In der Schreibwarenabteilung können Sie verschiedene Kugelschreiber oder Füllfederhalter ausprobieren. Es versteht sich von selbst, daß Sie damit irgendeinen netten Satz oder Ihre Telefonnummer aufschreiben und ihr den Zettel in die Hand drücken. (Wie geduldig Papier ist, steht auf einem anderen Blatt.) Oder Sie können eine Karte mit einem witzigen Text aussuchen und sie ihr – versehen mit (leserlicher!) Unterschrift und Telefonnummer – mit Worten wie: »... die habe ich gerade für Sie gefunden ...« geben.

Wie Sie sehen, sind Ihrer Fantasie keine Grenzen gesetzt. Und mit ein wenig Geschick können Sie eine Frau sogar dazu bringen, daß sie die Delikatessen, die sie in der Lebensmittelabteilung kauft, noch am selben Tag mit Ihnen verzehrt ...

Supermarkt

Sie brauchen nur in ihren Einkaufskorb zu schauen, und schon haben Sie eine grobe Vorstellung davon, mit welcher Art von Frau Sie drauf und dran sind anzubandeln. Von vier Typen Frau können Sie gleich die Finger lassen:

– wenn sie Babynahrung kauft. Denn dann hat sie wahrscheinlich anderes zu tun, als mit Ihnen eine Affaire anzufangen.

- wenn ihr Korb mit Gesundheitsfutter angefüllt ist. Dann lebt sie mit großer Wahrscheinlichkeit makrobiotisch, und das ist ein anderer Trip als der, den Sie mit ihr vorhaben.
- wenn sie nur abgepackte Waren einsammelt. Eine Frau, die nur aus der Dose kocht und Wurst und Käse abgepackt kauft, beweist damit so wenig Fantasie, daß sie Ihnen nach spätestens drei Tagen (wenn nicht schon am ersten Abend) langweilig ist.
- wenn sie von allem Familienpackungen einsammelt und auch ansonsten große Portionen (die allerdings nicht groß genug sind, um auf eine Party schließen zu lassen) einkauft. Dann hat sie vermutlich eine entsprechend große Familie, die ihr wohl kaum Zeit lassen wird, sich noch mit Ihnen zu beschäftigen.

Alle anderen Frauen allerdings, es sei denn, sie haben einen funkelnagelneuen goldenen Ring an der rechten Hand, sind einen Versuch wert, sie anzusprechen. Um sich aus der Masse der Männer, für die der Supermarkt ständiges Jagdrevier ist, herauszuheben, hier gleich die abgedroschenen Sprüche, die Sie auf gar keinen Fall bringen sollten:

- »Können Sie mir sagen, wie lange ich ein Huhn braten muß?« Dieser Satz ist gleich aus drei Gründen dämlich: Einmal ist die Bratdauer auf der Plastikhülle des tiefgefrorenen Federviehs angegeben – und wenn Sie es frisch kaufen, können Sie den Metzger fragen. Zweitens gibt es Kochbücher, in denen Sie solche Dinge nachlesen können, und drittens sind Männer, vorausgesetzt, sie kochen überhaupt, bessere Köche als Frauen. (Oder kennen Sie einen berühmten weib-

lichen Chef de Cuisine?) Sind sie es nicht, gehen sie essen.
- »Wo finde ich hier die grünen Bohnen?« ist ebenfalls tabu. Zumal Sie mit so einer Frage nur zu den grünen Bohnen, aber nicht zu einem Gesprächsthema kommen.
- »Welches Fleisch kaufe ich am besten für ein Abendessen mit meiner Mutter und Schwester?« ist auch eine alberne Frage.

Aber:

- »Welches Fleisch oder welchen Fisch soll ich besorgen, wenn ich Sie zum Essen einladen möchte?« klingt schon ganz anders ...
- Sie können »sie« natürlich auch fragen, ob sie das, was sie da gerade eingekauft hat, heute für sich selber kochen möchte, und ihr vorschlagen, dasselbe noch einmal zu besorgen, damit es für Sie beide reicht.
- Oder Sie können Ihr vorschlagen, daß sie das, was sie da eingekauft hat, in den Kühlschrank legt und statt dessen heute abend mit Ihnen essen geht.
- Sie können sie auch fragen, was sie mit der Ente vorhat, und ihr anbieten, daß Sie das Tier nach Ihrem Spezialrezept (das Sie natürlich in diesem Fall haben müssen!) zubereiten.
- Sie können Ihren Einkaufskorb mit Oliven, Erdnüssen, Chips, Cashewnüssen, verschiedenen offenen Käsesorten und ein paar Flaschen Champagner füllen, damit auf sie zugehen und sie fragen, ob Sie damit die richtige Auswahl für einen gemütlichen Abend mit ihr getroffen hätten – oder was sie sonst noch gern mag ...
- Sie können, wenn Sie eine Ahnung haben, was es bei

»ihr« zu essen geben soll, dieselben Lebensmittel einkaufen und ihr ein Wettkochen vorschlagen. Mit ihr
oder Ihnen als erstem Preis für den Sieger.

- Sie können ihr ganz einfach sagen, daß Sie hoffen,
daß sie ihre Spaghetti »al dente« kocht – so mögen Sie
sie nämlich am liebsten.

- Sie können auch mit leerem Einkaufskorb auf sie zugehen und ihr sagen, daß ihr Anblick Sie so verwirrt
hat, daß Sie völlig vergessen haben, was Sie eigentlich
einkaufen wollten. Und sie dann natürlich bitten,
Ihnen zu helfen, ein Essen zusammenzustellen. Am
besten natürlich eins für zwei ...

- Sie können ihr einfach den – noch möglichst leeren –
Korb aus der Hand nehmen und sagen: »Heute brauchen Sie nicht einzukaufen. Ich hab' schon mehr als
genug für uns zwei ...« (Das Hunde- oder Katzen-
futter, das sie eingesammelt hat, legen Sie einfach mit
in Ihren Korb. Die Zahnpasta selbstverständlich
auch!)

- Sie nehmen ihr am Ausgang die Tüten ab und sagen,
daß Sie nun ihre Einkäufe nach Hause tragen.

- Sie können sie auch fragen, welcher Wein ihrer Ansicht nach gut ist, ein paar Flaschen davon in Ihren
Korb legen und sagen: »Gut, und was brauchen wir
zu essen?«

- Sollte eine Frau, die hauptsächlich Dosen- und Tüten-
futter kauft, Sie allein dadurch noch nicht genug ab-
geschreckt haben, können Sie ihr auch den Korb aus
der Hand nehmen, ihn wegstellen und sagen: »Nun
fangen wir noch einmal von vorne an. Selbstgemach-
te Reibekuchen, hausgemachtes Gulasch (oder was
immer sie in ihrem Korb hatte) sind nämlich meine
Spezialität ...«

- Sie können natürlich, auch wenn es Überwindung kostet, Ihren eigenen Korb mit Dosenfutter füllen und dann mit traurigem Blick zu ihr sagen: »Es wäre zu schön, wenn Sie sich meiner erbarmen und entweder mit mir essen gehen oder mal für mich mitkochen könnten. Dieser Dosenfraß hängt mir zum Hals raus, aber ich kann leider nicht kochen. Und immer alleine essen zu gehen ist auch nicht sonderlich appetitanregend.« (Das setzt natürlich voraus, daß Sie zu dem verschwindend geringen Prozentsatz von Männern gehören, die wirklich nicht mal ein Spiegelei braten können!)

Die Ehefrau – eines anderen

»Alle guten sind schon vergeben.«
ARTHUR BLOCH: HARRIS'S LAMENT

Was tun, wenn die Frau, in die Sie hineinrennen, schon verheiratet ist? Wie bei allen anderen Zweierbeziehungen ergeben sich auch hier prinzipiell vier verschiedene Möglichkeiten:

- Sie mögen sich, haben Spaß miteinander, aber keiner von beiden ist in den anderen verliebt.
- Sie sehen die Beziehung locker – sie liebt Sie heiß und innig.
- Sie lieben sie abgöttisch, aber sie betrachtet Sie nur als eine willkommene Abwechslung ihres müden Ehelebens.
- Sie stellen beide fest, daß Sie nicht mehr ohne einander leben können.

Im ersten Fall ist die Sache amüsant und unkompliziert. Wie Sie sich hier verhalten, braucht Ihnen niemand zu erklären.

Im zweiten Fall sieht das Ganze völlig anders aus. Vor allem dann, falls Sie auf die Idee kommen sollten, ihr die große Liebe (die Sie nicht empfinden) vorzuspielen. Vielleicht wußten Sie es noch nicht, aber die folgenden zwei Punkte sind harte Tatsachen:

- Heutzutage reichen zunehmend mehr Frauen als Männer die Scheidung ein.
- Frauen zeigen in puncto Liebe mehr Konsequenz als Männer. Während letztere sich, weil es ach so bequem (und generell wohl auch weniger kostspielig) ist, problemlos eine Ehefrau fürs Grobe und eine Geliebte für die Feinheiten halten, verhalten Frauen sich anders. Sie sind wesentlich eher dazu bereit, für den Mann, den sie wirklich lieben, ihren Ehemann und die damit verbundene finanzielle Sicherheit aufzugeben.

Treiben Sie das Spielchen, sie dem anderen auszuspannen, also nicht auf die Spitze. Sonst könnte sie eines Tages mit oder ohne Kind, aber bestimmt mit Koffer und Make-up vor Ihrer Tür stehen. Dann können Sie ihr zwar immer noch sagen, daß die Liebesschwüre, die Sie ihr gemacht haben, gar nicht ernstgemeint waren – aber der Zeitpunkt wäre doch ein wenig ungünstig gewählt. Im schlimmsten Falle müssen Sie die Beziehung zu dieser Frau gleich abbrechen – Sie finden hier schließlich genügend Anleitungen dafür, wie man heute Frauen aufreißt.

Sollten Sie sie allerdings lieben und sie Sie nicht, dann möchte ich, ehrlich gesagt, nicht in Ihrer Haut stecken. Auch hier ist wohl das einzig Vernünftige, die begonnene Affaire – auch wenn's verflixt wehtut – kurz und bündig abzubrechen, statt ein Leben im Schatten des anderen zu führen. Ihr größter Trost: Was wollen Sie mit einer Frau, die Sie nicht liebt? Als Freizeit-Amüsement zur Verfügung zu stehen, sind Sie sich hoffentlich zu schade.

Was den vierten Fall betrifft, so ist er leider auch nicht immer mit einem Happy-End versehen. Denn auch wenn Frauen in der Regel durchaus dazu bereit sind, Haus und Hof für den Mann ihres Lebens zu verlassen, können Sie ausgerechnet an die eine geraten sein, die das nicht tut. Dafür, wie Ihre Chancen stehen, gibt es eine Faustregel: Wenn sie »ihn« für Sie verläßt, dann tut sie das entweder relativ schnell – innerhalb eines Jahres – oder gar nicht.

Schafft sie es aus verschiedenen Gründen nicht, sich voll und ganz für Sie zu entscheiden, dann müssen Sie entscheiden, ob Sie in der Lage sind, mit der Beziehung, so wie sie ist, klarzukommen. Was Sie auf gar keinen Fall tun dürfen ist:

– sie anrufen und, wenn »er« am Apparat ist, wortlos wieder einhängen. Wenn er Oliver heißt, dann fragen Sie eben, ob Sie Christoph sprechen können – zu dumm, Sie waren falsch verbunden. (Oft können Sie diese Masche natürlich nicht bringen – aber Sie müssen sich nun einmal damit abfinden, daß Sie mit Ihrem Telefonat warten müssen, bis »er« das Haus verlassen hat – oder auf ihren Anruf warten.

– an Wochenenden, gesetzlichen Feiertagen, Festen wie Ostern, Weihnachten, Silvester darüber nachzudenken, was »sie« nun gerade tun oder lassen mag. So albern es klingt: Unternehmen Sie etwas! Nach Möglichkeit nicht alleine, sondern mit Freunden (frisch verliebte/verheiratete Pärchen ausgenommen!).

– »sie« emotionell zu erpressen versuchen. Wenn sie Sie auch liebt, wird es ihr schwer genug fallen, jeden Morgen neben dem falschen Mann aufzuwachen und ihren Kindern gegenüber die glückliche Mutter zu spielen. Und sich die Stunden, die sie mit Ihnen verbringt, stehlen zu müssen.

– eines Tages feststellen, daß es doch nicht mehr so weitergeht und im Alkohol Vergessen zu suchen. Holen Sie statt dessen lieber dieses Buch aus der hintersten Ecke, in der es in der letzten Zeit unbeachtet herumgelegen hat, und machen Sie einen Spaziergang durch einen Park, gehen Sie in ein Museum, auf eine Party. Oder legen Sie sich einen Hund zu. Alles weitere ergibt sich dann schon von selbst ...

Auf den Hund gekommen

>»Hunde, die bellen, beißen nicht.«
>SPRICHWORT

So kurz dieses Kapitel auch sein mag, es hat es in sich. Denn vorausgesetzt, Sie wollen nicht gerade meine Freundin Monika, die liebe Helen oder mich aufreißen, sind Hunde das perfekte Requisit, um schnell und gründlich anzubandeln. Meine Freundin Heidemarie kennt sogar einen Mann, der sich nur zu diesem Behufe einen Hund zugelegt hat. »Seitdem kann er sich«, erzählt sie, »vor Frauen und Mädchen kaum mehr retten.« Wenn Sie sich nicht unbedingt selbst einen Hund zulegen wollen, können Sie selbstverständlich auch einen ausborgen (von Freunden oder Verwandten – nicht aus dem Tierheim, den haben Sie sonst am Bein!). Bei der Wahl des Hundes sind drei Dinge zu beachten:

– Das Tier muß was richtig Knuddeliges sein. Ein Hund, den jede Frau (die Hunde generell mag!) sofort umarmen möchte. Boxer und Schäferhunde sind für den Zweck völlig ungeeignet!
– Was immer Sie sich an Schoßhund zulegen – er darf nicht bissig sein.
– Nach Möglichkeit sollte er, wenn überhaupt, nur ein paar Sekunden lang kläffen. Sonst haben Sie mehr

damit zu tun, sich mit dem Hund als mit der Frau, die Sie einfangen wollen, zu beschäftigen ...

Was Sie dann mit dem Hund anfangen? Am besten, Sie richten ihn darauf ab, Ihnen Ihren Typ Frau herbeizulocken. Dazu benötigen Sie noch, falls Sie ihn nicht frei herumlaufen lassen wollen, eine lange, lange Leine. Sie müssen dem Hund Gelegenheit geben, sich ungestört zu der Frau, auf die Sie es abgesehen haben, zubewegen zu können. Und dort zu verharren.

– Wenn »sie« Hunde mag, wird sie das Tier vermutlich streicheln und Sie nach seinem Namen fragen. Schon sind Sie mitten im Gespräch.
– Wenn »sie« Hunde zwar mag, aber ein wenig Angst vor ihnen hat, spielen Sie den Retter aus der Not, in die Sie sie hineinmanövriert haben. In diesem Fall bringen Sie ihr sanft bei, daß Basti nicht beißt und ein ganz Lieber ist. Und daß Sie ein noch viel Lieberer sind ...
– Sollte sie auch gerade einen Hund spazierenführen, ist die Sache erst recht klar:
  * wenn die beiden Hunde sich mögen, ist das allein Grund genug, sie zusammen spazierenzuführen.
  * wenn sie sich angreifen, schlagen Sie der Dame einfach vor, sie mal ohne Hund zu treffen. Damit Sie sich in Ruhe mit ihr unterhalten können ...

Der Hund, den sie spazierenführt

Die Spielregeln sind mehr oder minder dieselben, als wenn Sie einen Hund ausführen. Nur müssen Sie diesmal provozieren, daß der Hund auf Sie zukommt. Wenn Sie ein Gefühl für Hunde haben, wird Ihnen das keine

Schwierigkeiten bereiten. Falls Sie zu Hunden oder anderem Getier allerdings keinen Draht haben, vergessen Sie die Sache – und die Frau. Der Hund würde sowieso nur zwischen Ihnen stehen ...

Falls Sie in etwa wissen möchten, mit welchem Typ Frau Sie es zu tun haben werden – Psychologen haben erarbeitet, welche Hunderasse von welcher Art weiblichem Wesen bevorzugt wird. Genaueres darüber sollten Sie in Hundebüchern nachlesen. An dieser Stelle langt es nur für eine allgemeine Kurzübersicht:

- Die Dame mit dem Pudel wird höchstwahrscheinlich ein teures Vergnügen. Sie liebt, so sagt man, exquisiten Schmuck, Modellkleider, sich selbst – und Sie, wenn Ihr Konto entsprechend eingerichtet ist.
- Basset-Hund-Liebhaberinnen eignen sich angeblich für soziale Berufe wie Bewährungshelferin, Krankenschwester und Lehrerin. Sie werden sicherlich schnell einen guten Grund finden, warum die Frau mit dem Basset sich um Sie kümmern sollte ...
- Frauen, die Snoopies – Beagles – mögen, sollen mit die treuesten aller Ehefrauen sein. Wenn Sie von ihr also einen Korb bekommen, wissen Sie, warum. Herrchen ist höchstwahrscheinlich gerade im Büro und hat keine Zeit, mit spazierenzugehen.
- Bluthund-Besitzerinnen sagt man starke Nerven nach. Weil sie so schnell durch nichts zu erschüttern sind, können Sie hier nicht viel falsch machen.
- Frauen, die einen Boxer ihr eigen nennen, sollen vor Energie übersprühen – sollen aber, wenn Sie so viel Temperament auf einen Schlag ertragen können, gute Freunde sein.
- Frauen, die einen Collie – Lassie – an der Leine haben,

gelten als intelligent und willensstark. Wenn Sie diese Aussicht nicht erschreckt, können Sie mit diesen Damen sicherlich angeregte Unterhaltungen führen. Wenn es ihnen gerade in den Kram paßt.

- Menschen, die Dackel besitzen, sind angeblich nur so lange liebenswürdig, als man nicht versucht, sie zu belehren. Achten Sie also besonders darauf, was Sie sagen! Vor allem deshalb, weil Dackelfreunde ganz generell mehr von ihrem Kopf als von ihren Gefühlen regiert sein sollen ...
- Völlig unkompliziert hingegen sollen Frauen sein, die einen Dalmatiner haben. Wenn Sie nicht gerade dem Hund auf den Fuß treten, kann so gut wie gar nichts schiefgehen.
- Spaniel-Frauchen neigen angeblich dazu, sich stur zu stellen. Lassen Sie sich also nicht gleich frustrieren, wenn Sie beim ersten Anlauf abblitzen.
- Frauen mit Pinscher sollen besonders ordentliche weibliche Exemplare sein. Wenn Sie jemand brauchen, der Ihre Wohnung in Ordnung hält – wird diese Frau hoffentlich gescheit genug sein, Ihnen eine Putzfrau zu besorgen.
- Doggen-Halterinnen sollen zwar sehr selbstsicher sein, aber auch zu Tagträumen neigen. Hier dürften Sie am besten vorankommen, wenn Sie Courage, gekoppelt mit einem Hauch Romantik, an den Tag legen.
- Frauen, die einen Schäferhund spazierenführen, brauchen alles andere als einen Beschützer. Den haben sie schon. Aber vielleicht eignen Sie sich zum Spielgefährten ...
- Frauen, die sich zu einem Foxterrier entschlossen haben, sollen zu den rundherum zufriedenen Men-

schen gehören. Falls sie Ihnen also erzählt, daß sie auch ohne Sie wunschlos glücklich ist, dürfen Sie es ihr ruhig glauben.

- Chihuahua-Besitzerinnen kommen auch gut ohne Sie aus – sie haben ihr Schoßhündchen schon.
- Afghan-Halterinnen sagt man nach, daß sie den Umgang mit anderen Menschen lieben. Sie sollen zudem gutmütig und angenehm sein. Warum zögern Sie also noch länger?
- Auch Frauen, die Yorkshire-Terrier besitzen, zählt man zu den aufgeschlossenen und leicht zugänglichen Menschen. Mehr noch: Sie sollen eine natürliche Selbstsicherheit besitzen, die es ihnen leichtmacht, mit jedem Fremden schnell ins Gespräch zu kommen. Machen Sie sich also notfalls darauf gefaßt, einen Schritt schneller als ein möglicher Rivale zu sein!
- Airdale-Besitzerinnen sind meist langweilig. Wenn man Psychologen glauben darf, hegen und pflegen sie am liebsten ihren Garten. Hier müssen Sie also damit rechnen, daß Doggy wirklich nur Gassi geführt wird und die Dame kein sonderliches Interesse daran hat, mittels des Hundetieres mit Ihnen anzubandeln ...

Blind Dates – So sehen sie aus!

> »Wer a sagt, der muß nicht auch b sagen.
> Er kann auch erkennen, daß a falsch war.«
> BERTOLT BRECHT

Blind Dates, »blinde Verabredungen«, das sind alle die, bei denen Sie die Frau, mit der Sie verabredet sind, noch nie gesehen haben – und sie Sie natürlich ebensowenig von Angesicht zu Angesicht kennt.

Gründe, aus denen sich Blind Dates ergeben, sind:

- Die Frau am Telefon hat eine so schöne Stimme, daß Sie sich kurzerhand mit ihr verabredet haben.
- Sie haben ein Suche-Anschluß-Inserat entweder
  a) selbst aufgegeben
  b) beantwortet
- Ein Freundschafts- oder Ehevermittlungsbüro hat Sie zu der Verabredung überredet.
- Ein flüchtiger Bekannter aus den Staaten (oder auch einer anderen Stadt als der, in der Sie wohnen) hat »ihr« Ihre Telefonnummer gegeben.
- Ein Freund (hoffentlich ein Freund!) versucht, Sie zu verkuppeln, und hat ein Treffen mit »ihr« arrangiert.
- Eine Freundin (auf platonischer Ebene, versteht sich) hat es sich zur Aufgabe gemacht, eine ihrer Freundinnen an den Mann, sprich Sie, zu bringen.
- Ihre Mutter meint, sie müsse Kupplerin spielen ...

Die vier Grundsatzregeln für jedes Blind Date sind:

- Treffen Sie die Unbekannte zum Frühschoppen, Mittagessen oder Nachmittagskaffee oder -tee. Niemals am Abend. Falls Sie nämlich nicht mit ihr klarkommen, können Sie tagsüber immer noch einen Termin, zu dem Sie dringend gehen müssen, vortäuschen. Falls sie Ihnen gefällt – und Sie ihr –, können Sie sich immer noch überlegen, was Sie mit dem angebrochenen Tag, dem bevorstehenden Abend anfangen wollen.
- Treffen Sie die Fremde, auch wenn ihre Stimme noch so betörend klingt, nie in Ihrer oder ihrer Wohnung. Dahin können Sie, wenn Sie sich an einem neutralen Platz sympathisch finden, immer noch gehen.
- Hüten Sie sich davor, ihr Blumen oder Pralinen mitzubringen. Noch kennen Sie sie schließlich nicht.
- Sollten Sie beim Anblick Ihres Blind Dates einen Schock davontragen (weil sie entweder wie Cheryl Tiegs oder eine Berufsringerin aussieht), laufen Sie trotzdem nicht einfach davon. Auch wenn »sie« Sie noch nicht gesichtet hat. Sie würden es schließlich auch nicht mögen, versetzt zu werden – und ich helfe Ihnen auf den nächsten Seiten schon aus der Patsche heraus ...

Das Blind Date ganz allgemein hat drei Phasen: das Vorspiel, das Treffen, den Abschied. Wie Sie den Verlauf der Angelegenheit wenigstens halbwegs in der Hand haben, können Sie nun hier erfahren.

Das Vorspiel

Mit ein wenig Geschick können Sie von jeder Möglichkeit, aus der sich ein Blind Date ergeben kann, zwar nicht unbedingt wissen, aber doch wenigstens erahnen, was Ihnen blüht:

– Die Telefonstimme, mit der Sie sich verabredet haben, muß ja irgend etwas *gesagt* haben, bevor und auch als Sie sich zu einem Treffen entschlossen haben. Aus dem, was und wie sie es gesagt hat, müßten Sie eigentlich schon schließen können, ob sie Sinn für Humor hat (abenteuerlustig ist sie jedenfalls, sonst hätte sie sich nicht einladen lassen!) und ob sie die deutsche Sprache beherrscht.
Wenn Sie klug waren, haben Sie sie natürlich auch gefragt, wie sie aussieht. Und wenn sie nicht gemogelt hat, dürften Sie bei ihrem Anblick nicht gerade in Ohnmacht fallen – es sei denn, sie ist noch von viel atemberaubenderer Schönheit, als Sie es sich ihrer Beschreibung nach vorstellen konnten. Mit anderen Worten: Selbst wenn kein Funke überspringt, müßte es Ihnen möglich sein, das gemeinsame Mittagessen oder Kaffee und Kuchen halbwegs elegant zu überstehen.

– Wenn Sie Ihr Blind Date durch ein Inserat arrangiert haben, müßten Sie die Frau auch schon zumindest ein wenig kennen. Wenn Sie noch kein Foto von ihr gesehen haben, so haben Sie sich doch entweder schon etwas ausführlicher geschrieben oder miteinander telefoniert. Solange Sie nicht den Fehler begangen haben, sie nicht nach ihrem Aussehen zu fragen (und wieder vorausgesetzt, sie hat Sie nicht angelogen), werden Sie wohl kaum plötzlich und unerwartet einer weiblichen Ringkämpferin gegenüberstehen. Sie mag zwar vollkommen anders aussehen und wirken, als Sie sie sich in Ihrer Fantasie vorgestellt haben, aber auch in diesem Fall bringen Sie die ein, zwei Stunden als Gentleman hinter sich.

– Haben Sie die Verabredung über ein Freundschafts-, Eheanbahnungs- oder Computervermittlungsbüro getroffen, laufen Sie wahrscheinlich am ehesten Gefahr, den Schock Ihres Lebens zu kriegen. Das kann ich Ihnen deshalb mit solcher Bestimmtheit sagen, weil ich, wie so oft in diesem Buch, aus eigener Erfahrung und der Erfahrung meiner Freunde und Freundinnen spreche:
Selbst wenn Sie vorher ein Foto gezeigt bekommen haben, heißt das noch lange nicht, daß die Frau, die man Ihnen andrehen möchte, auch heute noch so aussieht wie vor zehn oder zwanzig Jahren. Und beim Computer müssen Sie sich auf totale Überraschungen gefaßt machen – gleichgültig, wieviele Fragebogen Sie vorher ausgefüllt haben. Trotzdem sollten Sie auch diese Verabredung tapfer durchstehen – Sie dürfen das dann als Ihre gute Tat der Woche werten.

– Ebenso überraschungsfreudig müssen Sie sein, wenn es darum geht, eine Bekannte eines entfernten Bekannten zu treffen. Aber Unternehmungsgeist und Mut haben Sie immerhin schon bewiesen, indem Sie die Dame – die Sie per Telefon ja kaum intensiver kennenlernen konnten – zu einem Glas Tee eingeladen haben. Ansonsten können Sie vorher nicht viel mehr als ihre Haarfarbe und die Farbe des Kleids erfahren, das sie trägt. Bleibt Ihnen nur zu hoffen, daß der flüchtige Bekannte (an den Sie sich höchstwahrscheinlich nicht einmal erinnern können) Ihnen wohlgesonnen ist.

– Wenn ein Freund, eine Freundin oder gar Ihre Mutter sich auserkoren sahen, Amor zu spielen, dürfte das

Überraschungsmoment, wenn Sie es geschickt anstellen, das geringste sein. Hier finden Sie für die Persönlichkeit der Unbekannten gleich mehrere Anhaltspunkte:

* Sind die Frauen, die Ihr Feund, Ihre (platonische) Freundin um sich hat, und die, die Ihrer Mutter gefallen, generell auch Ihr »Typ«?
* Ist Ihr Freund, Ihre Freundin, Ihre Mutter als Musterexemplar Schwarzen Humors bekannt?
* Weswegen wollen Ihr Freund, Ihre Freundin, Ihre Mutter Sie gerade mit dieser Frau bekannt machen?
* Bitten Sie Ihren Freund, Ihre Freundin, Ihre Mutter, Ihnen eine Frau oder einen Frauentyp vergleichbar mit der Unbekannten zu nennen.

Wenn Sie das alles eher neugierig gemacht als verschreckt hat, sollte es Ihnen auch in diesem Fall möglich sein, einen Frühschoppen mit dem Blind Date durchzustehen. Sonst hätten Sie sich schließlich von vornherein mit Händen und Füßen gegen die Verabredung wehren müssen und sie nicht treffen dürfen.

Von Angesicht zu Angesicht

Für den ersten Eindruck, den sie auf Sie machen kann, gibt es prinzipiell drei Möglichkeiten:

– Sie ist so schön, daß es Ihnen die Sprache verschlägt,
– Sie ist so häßlich, daß es Ihnen die Sprache verschlägt,
– Sie ist weder noch – nur blaß.

In allen drei Fällen gibt es nur eines: Haltung bewahren! Stellen Sie sich mit einem freundlichen Lächeln vor –

auch wenn sie natürlich längst weiß, wer Sie sind! – und setzen Sie sich zu ihr. Es sei denn, sie steht an der Bar – dann bleiben Sie selbstverständlich auch stehen!

Wenn sie wirklich umwerfend schön ist, können Sie ihr das unter Umständen sagen. Aber tun Sie um Himmels willen nie so, als hätten Sie die letzte Schreckschraube erwartet und seien dennoch mutig aufgetaucht. Sie sind schließlich auch wer! Und ein Blind Date, gleichgültig, wie es zustande gekommen ist, ist nicht Ihre einzige Möglichkeit, Frauen kennenzulernen. Immerhin haben Sie ein ganzes Buch, das Ihnen sagt, wie man Frauen aufreißt, vor sich!

Sollte sie häßlich sein, werden Sie sich hoffentlich davor hüten, in Schreckensschreie auszubrechen, und wenn sie so blaß ist, daß Sie sie kaum wahrnehmen, reißen Sie sich zusammen und unterdrücken Sie ein Gähnen. Noch ist sowieso so ziemlich alles drin: denn bisher kennen Sie die Frau nur von außen.

Wenn sie nun den Mund aufmacht, können Sie ein zweites Mal innerhalb von fünf Minuten freudig oder unangenehm überrascht sein. Ich weiß, daß es ein Klischee ist, aber es ist tatsächlich drin, daß die Schöne Sie mit ihrem Geplapper langweilt und die Unattraktive sich als überaus charmante, geistreich amüsante Gesprächspartnerin entpuppt. Seien Sie also nicht gleich zu überschwenglich oder ablehnend, bevor Sie Gelegenheit hatten, ein wenig hinter die Fassade zu sehen.

Worüber unterhalten Sie sich? Wenn Ihnen die Frau von einem Freund oder Bekannten zugeschoben wurde, ist die Sache einfach: Der gemeinsame Bekanntenkreis bietet mehr als genug Gesprächsstoff – zumindest für den Anfang. Auch mit dem Telefonflirt, dem Sie nun gegenübersitzen, die ersten Worte zu wechseln, dürfte kein Problem sein. Sie können schließlich da weiterreden, wo Sie das letzte Mal aufgehört haben ...

Wenn Sie die Frau, mit der Sie nun bei einem Drink oder bei Kaffee und Kuchen sitzen, per Anzeige oder Vermittlungsbüro kennengelernt haben, erfordert es schon ein wenig mehr Geschick, das erste Eis zu brechen. Sie können natürlich sagen: »Hier sind wir also, und was nun?« und hoffen, daß »ihr« dazu etwas einfällt. Aber wenn Sie daraufhin lediglich ein »mmh« zur Antwort bekommen, sind Sie auch nicht weiter als vorher. Was als unverfänglicher erster Gesprächsstoff immer gut, aber meistens gerade dann, wenn man darauf hofft, nicht greifbar ist, ist irgendeine starke Schlagzeile aus einem Boulevardblatt. Etwa: »Haben Sie schon gesehen, wie die ›Bild-Zeitung‹ heute wieder zugeschlagen hat?« oder: »War doch schon wieder ein Geisterfahrer auf der Autobahn Salzburg–München ...« (Letzteres haben Sie gerade im Autoradio gehört.)

Sie können natürlich auch etwas erfinden, nur um erstmal ein Aufwärmthema zu haben. Etwa eine Gruselgeschichte, die Ihnen der Taxifahrer gerade erzählt hat oder, wenn Sie mit dem eigenen Wagen gekommen sind, wie das mit dem rosa Elefanten war, der da plötzlich auf der Kreuzung stand und sich nicht wegbewegen wollte ...

Themen, die tabu sind, gibt's natürlich auch. Reden Sie bloß nicht

– von Krankheiten – weder denen anderer Leute und schon gar nicht von Ihren eigenen.
– von dem Alkoholproblem Ihrer Ex-Frau.
– von dem Ärger, den Sie mit Ihrem Chef (oder Ihren Angestellten) haben.

– Politik ist auch nur dann ein Thema, wenn Strauß
Bundeskanzler wird. Also gar nicht.

Die einzige Entschuldigung, die Sie haben, eines dieser
Themen anzuschneiden und detailliert auseinanderzu-
nehmen, ist die, daß Sie sich schon nach zehn Minuten
darüber klar sind, daß Sie die Frau, der Sie gerade gegenübersitzen, niemals wiedersehen wollen – und hoffen, sie mit Ihrem Geschwätz zu vergraulen.

Ansonsten: Lassen Sie »sie« auch mal reden – obwohl
sie wahrscheinlich in Frauenzeitschriften gelesen hat,
daß sie Sie zu Wort kommen lassen und nicht beim ersten Treffen zuviel von sich verraten soll ... Es muß ja
nicht gleich ihre Lebensgeschichte sein, die Sie von ihr
hören wollen. Statt dessen können Sie sie nach unver-
fänglichen Dingen, wie Hobbies, fragen. Malt sie, liest
sie, wenn ja, was. Mag sie Musik, sieht sie gern Filme,
wenn ja, welche. Gewiß ist das alles sehr seicht, aber Sie
müssen ja erst einmal miteinander warm werden. Bis
der Punkt kommt, wo das Gespräch von alleine weiter-
läuft. Ohne daß Sie krampfhaft nach einem Gesprächsthema suchen müssen. Wenn Sie sich sympathisch sind,
wird es Ihnen auch nicht schwerfallen, eine neue Verabredung zu treffen. Vertrackt wird die Situation nur,
wenn sie einen Narren an Ihnen gefressen hat, während
Sie ihr lieber sofort als in fünf Minuten Aufnimmerwiedersehen sagen wollen ...

Aufnimmerwiedersehen – Ade

Es hilft alles nichts, hier müssen Sie ein bißchen mogeln,
wenn Sie Ihrem Blind Date nicht unnötig wehtun wollen. Es kann zwar sein, daß Sie beide sofort begriffen
haben, daß Sie nicht füreinander bestimmt sind, aber

falls sie sich in Sie verrannt hat und Sie so gar nichts weiter von ihr wissen wollen, machen Sie der Angelegenheit lieber gleich ein Ende.

Die beste Möglichkeit, die Sie haben, elegant aus der Geschichte herauszukommen, ist, das Ende von Anfang an miteinzubeziehen. Schließlich merken Sie schon relativ bald, ob Sie es zu einer zweiten Verabredung kommen lassen wollen oder nicht. Wenn nicht, flechten Sie folgende Sprüche in die Unterhaltung ein: Sagen Sie, daß Sie in Bälde eine Geschäftsreise antreten müssen, von der Sie heute noch nicht wissen, wie lange sie dauert, und daß Sie sich deshalb nicht auf ein neues Treffen festlegen können. Erzählen Sie ihr, daß sich, kurz bevor sie vorhin das Haus verlassen haben, eine ehemalige – Ihre letzte – Freundin bei Ihnen gemeldet hat. Bei diesem Telefonat sei Ihnen klargeworden, daß Sie sich wohl doch nicht, wie Sie gehofft hatten, völlig von dieser emotionalen Bindung gelöst haben. Finden Sie heraus, ob sie Kinder haben möchte. Wenn ja, dann erklären Sie, daß Sie auf gar keinen Fall Nachwuchs in die Welt setzen wollen und sich drum lieber jetzt als später, wo es Ihnen beiden schwerfallen könnte, von ihr trennen. Wenn alle Stricke reißen, können Sie auch sagen, daß Sie eigentlich auf Männer fixiert sind. Sie würden nur immer darauf hoffen, eine Frau zu finden, die Sie ummodelt. Aber nun sei da gerade dieser entzückende Knabe vorbeigelaufen und hätte Sie wieder völlig aus der Bahn geworfen ... (Auch wenn niemand vorbeigelaufen ist, können Sie den Satz ruhig bringen. Sie hatte sicherlich sowieso nur Augen für Sie, wenn Sie mit einem solch schweren Geschütz auffahren müssen!) Sie können natürlich auch »gestehen«, daß Sie sich eigentlich ganz schofel vorkommen, weil Sie einem Journalisten-Freund helfen, der gerade einen Artikel über Blind Dates schreibt. Drum haben Sie inseriert, auf ihre Annonce geantwortet, haben Sie die Dienste des Vermittlungsbüro in Anspruch genommen.

Stimmt, die Sprüche sind mies. Aber sie sind immer noch besser, als mit Wahrheiten herauszurücken wie: »Sie sind mir viel zu fett, ich könnte Sie nie anfassen!«, »Sie sind mir viel zu dumm, mit Ihnen kann man ja keine drei Sätze reden.«, »Wenn ich Ihre Pickel sehe, wird mir schlecht.«, »Sie sind so langweilig, daß ich jetzt schon aufpassen muß, nicht einzuschlafen.«, »Sie verkörpern all das, was ich an Frauen gerade nicht mag.«

Bei einer Frau, die Sie über Freunde oder Bekannte kennengelernt haben, können Sie natürlich nicht so dreiste Lügen anbringen wie die, zu denen ich Ihnen gerade geraten habe. Wenn Sie es irgendwie packen, können Sie ihr ja sagen, daß Sie gar nicht begreifen, wie Ihre gemeinsamen Bekannten darauf kamen, gerade Sie beide zu verkuppeln. Oder, daß Sie sie schon nett finden, aber daß Sie trotz aller liebgemeinten Mühe Ihrer Freunde derzeit wirklich nicht an einer festen Bindung interessiert sind.

Was Sie auf gar keinen Fall tun dürfen: ihr einen Anruf versprechen, der dann doch nicht kommt. Ein so billiger Ausweg ist hoffentlich unter Ihrer Würde. Hier geht es nicht einmal darum, daß »sie« Ihnen den Spruch abnehmen und auf Ihren Anruf warten könnte – sie weiß höchstwahrscheinlich ganz genau, daß es nur eine Ausrede ist –, sondern ganz einfach darum, daß Sie ihr, auch wenn Sie Ihnen nicht sonderlich gefällt, den Respekt zubilligen, den jeder Mensch von einem anderen erwarten können dürfte.

Und wie verhalten Sie sich, wenn Ihnen bei der Frau

ganz heiß wird und sie Sie eiskalt abblitzen läßt? Bleiben Sie ruhig, höflich und cool – auch wenn es Ihnen schwerfällt. Versetzen Sie sich in ihre Situation – Sie würden auch dankbar aufatmen, wenn »sie« sich im umgekehrten Fall freundlich distanziert verhalten würde. Versuchen Sie bloß nicht, wie auf einen lahmen Gaul auf sie einzureden und sich ihr an den Hals zu werfen. Manchmal funkt es eben nur bei einem ... Und wenn Sie diesmal der sind, den es erwischt hat, dann denken Sie mal ganz kurz an alle die Frauen, die gern mit Ihnen zusammengewesen wären – und Sie wollten nicht. Und überhaupt: Andere Mütter haben auch schöne Töchter. Und wenn Sie dieses Buch aufmerksam studiert und die Tips befolgt haben, werden sich so viele von ihnen um Sie scharen, daß Sie das Kapitel »Das war's« auswendig lernen, um zu wissen, wie Sie sie schnell und sicher wieder loswerden ...

Und was nun? Ihre oder seine Wohnung?

»Your place or mine?«

ENGLISCHE REDEWENDUNG

oder:

»Würde sie länger bei mir sein, ich würde mehr mit ihr sündigen.«

RITTER HANS VON SCHWEINICHEN

Gratuliere, Sie haben es geschafft! Sie und die Frau, die Sie in den Armen halten wollen, steuern auf das Bett zu. Fragt sich nur noch, wessen. Denn auch da gibt es verschiedene Möglichkeiten. Da ist zunächst einmal das

Hotelbett

- Falls Sie beide im selben Hotel wohnen, können Sie ruhig würfeln, welches der beiden Zimmer Sie wählen.
- Falls Sie beide verheiratet sind oder mit anderen Partnern zusammenleben, werden Sie wohl auch im Hotel landen.
- Sie wollen den ersten Abend, die erste Nacht mit ihr besonders romantisch gestalten und schleppen Sie in ein Luxushotel. Da mieten Sie dann selbstverständlich eine Suite. Die mit allem drum und dran: der rie-

sigen runden Badewanne, Filmprojektor, Wasserbett, etcetera pepe.

Wenn Sie sich diesen Luxus nicht leisten können und die Notwendigkeit, sich mit der Ihren in einem Hotel zu treffen, nicht besteht, muß die Wahl des Ortes gut überlegt sein. Und so sieht das Pro und Contra »meine Wohnung – deine Wohnung« aus männlicher und weiblicher Sicht aus.

Die weibliche Argumentation

FÜR »IHRE« WOHNUNG:

- Sie fühlt sich in den eigenen vier Wänden sicherer, sprich wohler, als in fremder Umgebung,
- ihr Bett mißt zweimal zwei Meter,
- sie muß sowieso nach Hause, um ihren Hund zu füttern und Gassi zu führen,
- sie erwartet nachts einen wichtigen Anruf (aus Amerika – geschäftlich),
- sie muß sowieso nach Hause, weil die Pille auf ihrem Nachttisch liegt,
- sie muß am nächsten Morgen früh aufstehen, um das erste Flugzeug nach Montreal zu erreichen.

GEGEN »IHRE« WOHNUNG:

- Sie ist sich noch nicht sicher, ob sie Sie die gesamte Nacht um sich haben möchte. Falls sie das nicht will, weiß sie nicht, was sie sagen soll, um Sie, ohne Ihre Gefühle zu verletzen, hinauszukomplimentieren.
- Sie ist sich noch nicht sicher, ob Sie die gesamte Nacht mit ihr verbringen wollen. Falls Sie das nicht im Sinn haben, möchte sie sich nicht plötzlich von Ihnen verlassen fühlen.
- Ihre Wohnung ist nicht aufgeräumt.

FÜR »SEINE« WOHNUNG:

- Wenn ihr danach ist, kann sie jederzeit wieder aufstehen und gehen (Sie hatte Ihnen doch gesagt, daß sie noch ihren Hund Gassi führen muß!),
- sie möchte sehen, in welcher Umgebung Sie leben,
- Sie haben die bessere Stereo-Anlage und Musikauswahl. (Kein Wunder, Sie haben ja auch dieses Buch gelesen!)

GEGEN »SEINE« WOHNUNG:

- Falls sie bei Ihnen übernachtet, wird die Zeit morgens (unter der Woche) knapp, weil sie erst nach Hause fahren, sich umziehen und schminken muß.
- Falls Sie nicht interessiert daran sind, daß sie bei Ihnen übernachtet, möchte sie nicht zu unchristlicher Stunde hundemüde nach Hause fahren müssen.
- Sie wohnen außerhalb, sie hat kein Auto (dabei), und sie möchte nicht am Ende der Welt festsitzen (oder Unsummen für eine Taxifahrt ausgeben müssen), wenn es ihr mitten in der Nacht in den Sinn kommt, daß sie im eigenen Bett besser schlafen kann als in Ihrem.

Die männliche Argumentation

FÜR »SEINE« WOHNUNG:

- er fühlt sich in den eigenen vier Wänden sicherer, sprich wohler, als in fremder Umgebung,
- sein Bett mißt zweimal zwei Meter,
- er muß sowieso nach Hause, um seinen Hund zu füttern und Gassi zu führen,
- er erwartet nachts einen wichtigen Anruf (aus Amerika – geschäftlich),

- er muß am nächsten Morgen früh aufstehen, um das erste Flugzeug nach Zürich zu erreichen,
- er hat die bessere Stereo-Anlage und Musikauswahl,
- er hat eine Auswahl verschiedener Getränke und Mitternachtshappen im Kühlschrank,
- er hat sein Rasierzeug zu Hause,
- er kann nicht mit den Jeans, die er gerade trägt, am nächsten Morgen im Büro erscheinen. Zu Hause kann er sich in aller Ruhe umziehen, ohne so viel früher aufstehen und von ihrer Wohnung in seine fahren zu müssen. Und dann noch zum Arbeitsplatz.

GEGEN »SEINE« WOHNUNG:

- Er mag es grundsätzlich nicht gerne, eine Frau, die er kaum kennt, in seine Wohnung zu lassen,
- er will nicht, daß sie seine Adresse kennt,
- seine Freundin könnte mitten in der Nacht auftauchen (weil sie natürlich nicht ahnt, daß sie – spätestens seit diesem Abend – nicht die einzige ist),
- es sieht aus wie bei Hempels unter'm Tisch,
- er möchte sehen, in welcher Umgebung sie lebt.

FÜR »IHRE« WOHNUNG:

- Er kann jederzeit wieder aufstehen und gehen (weil er so sensibel ist und nicht in fremden Betten schlafen kann).
- Wenn er die gesamte Nacht über bei ihr bleiben möchte, weiß er, daß sie nicht weggehen kann. Bleibt ihm nur zu hoffen, daß sie es nicht fertigbringt, ihn freundlich aber bestimmt nach Hause zu schicken.
- Sie hat ein Video-Gerät. Da können er und sie in den Pausen *Die Profis* sehen. (Und da macht es auch nichts, wenn man nur den halben Film mitbekommt. Erstens

ist der Ausgang vorhersehbar, und zweitens kann man die letzte halbe Stunde ein andermal sehen.)
- Die Pille liegt daheim auf ihrem Nachttisch.
- Sie besitzt einen Rasierapparat und eine Auswahl verschiedener After-Shave-Sorten. Das frische Hemd, das er am nächsten Morgen braucht, kann er auf dem Weg ins Büro kaufen. (Socken und Unterwäsche gibt's bei Hertie ein Stockwerk tiefer.)

GEGEN »IHRE« WOHNUNG:
- Seine Kontaktlinsen-Reinigungsflüssigkeit liegt in seiner Wohnung.
- Er reagiert allergisch auf ihre Katze.
- Sie möchte nicht, daß er ihre Adresse kennt.

Wenn Sie sich nun nach reiflicher Überlegung darüber einig geworden sind, wer wen in wessen Wohnung mitnimmt, gilt es ein paar Stunden später schon wieder, eine Entscheidung zu treffen. Wie verhält man sich danach?

Das Nachspiel

Was Sie jetzt hier lesen, sage ich Ihnen nicht nur aus eigener Erfahrung und der Erfahrung anderer Frauen, sondern es ist sogar durch eine wissenschaftliche US-Studie belegt:
- Was das Nachspiel betrifft, so läßt die Fantasie der meisten Männer zu wünschen übrig.
- Die Qualität des Nachspiels ist für eine gute sexuelle Beziehung oft von größerer Bedeutung als die Qualität des Vor- und Hauptspiels einschließlich des Orgasmus.

- Ihr Verhalten in den ersten 20 Minuten »danach«
  kann einen größeren Einfluß auf Ihre Partnerin haben als alles das, was Sie in den Stunden vorher ge-
  liefert haben. Mit anderen Worten:
  * Wenn's so doll auch nicht war, können Sie mit ei-
    nem gekonnten Nachspiel Ihre Mannesehre retten.
  * Wenn Sie umwerfend waren – und dann einfach
    aus dem Bett springen, sich anziehen und davon-
    marschieren – oder schlimmer noch, in Null Kom-
    ma nix einschlafen! –, verlieren Sie eine ganze Men-
    ge der Punkte, die Sie noch kurz zuvor eingeheimst
    haben.

Das behaupten nicht nur die beiden amerikanischen
Psychologen James Halpern und Mark A. Sherman in
ihrem Buch *Afterplay: A Key to Intimacy*. Auch alle Frauen,
die ich kenne, geben ihnen recht. Dabei ist es gleichgültig, ob es sich um einen one-night stand oder die erste
(zweite, neunundsechzigste, eintausenddreihundert-
undsiebente) Nacht mit einer Frau handelt. Wie *intim* Sie
das Nachspiel allerdings gestalten, das hängt zweifels-
ohne davon ab, inwieweit Sie und die Frau, mit der Sie
zusammen sind, sich auf der gleichen Wellenlänge befinden – oder nicht. Ganz generell gibt es folgende Möglichkeiten:

- Sie rauchen eine Zigarette miteinander – vorausgesetzt, mindestens einer von Ihnen ist Raucher. Das
  wiederum können Sie
  * mit Kuscheln oder
  * ohne Kuscheln tun.
- Sie trinken noch etwas gemeinsam
  * und unterhalten sich dabei (die Themen reichen

von der Lobpreisung des anderen bis zu was Sie morgen alles tun müssen) oder

* Sie bleiben stumm. Das können Sie aber nur bringen, wenn es Ihnen tatsächlich die Sprache verschlagen hat.

- Sie hören gemeinsam Musik.
- Sie gehen in die Küche und plündern den Kühlschrank.
  * Bei einem one-night stand sollten Sie das tun, nachdem Sie sich beide wieder angezogen haben.
  * Ansonsten macht es Spaß, nackt durch die Wohnung zu spazieren.
- Sie nehmen gemeinsam ein Schaumbad, am besten eines mit erfrischendem Badezusatz. Aus eigener Erfahrung weiß ich nur zu gut, daß solche Bäder zumeist Pausenfüller sind ...
- Sie schauen, ob es noch etwas im Fernsehen gibt.
- Sie legen eine Video-Kassette ein. Falls Sie jedoch sehr kaputt sind, lassen Sie das lieber, weil auch hier meistens eine Pause – nicht das Ende der Liebesspiele angezeigt ist.
- Sie ziehen sich beide an und gehen noch aus.
  * Dann geht jeder entweder für sich allein nach Hause
  * oder Sie bleiben zusammen und fangen wieder von vorn an.
- Sie tun, was sonst Ihnen beiden Spaß machen könnte.
- Sie schmusen. (Das ist allerdings nur dann möglich, wenn Sie beide einen wirklich guten Draht zueinander haben.)

Gesetzt den Fall, daß Sie beide sich dazu entschließen, die gesamte Nacht miteinander zu verbringen, ist es natürlich auch wichtig, daß Sie wissen, wie man sich am Morgen danach verhält.

Der Morgen danach

Hier setze ich jetzt einfach voraus, daß Sie die Frau, mit der Sie aufwachen, auch am nächsten Morgen noch ertragen können. (Sonst sollten Sie sich, wie es unter dem Kapitel »Der one-night stand« beschrieben ist, lieber noch in der Nacht trennen!)

Wie leicht es Ihnen beiden fällt, am nächsten Morgen unbeschwert miteinander aufzuwachen und zu reden, hängt selbstverständlich mal wieder davon ab, welche Beziehung Sie bislang zueinander aufgebaut haben.

– Es gibt Situationen, da ist man sich, ohne sich zu »kennen«, dermaßen vertraut, daß es schön ist, den anderen neben sich zu spüren, sich an ihn zu kuscheln und dann langsam, ganz langsam miteinander aufzuwachen ... Wie Sie sich in solchen Fällen verhalten, ergibt sich von alleine. Dazu brauche ich Ihnen nichts zu erzählen.

– Dann gibt es den Morgen, wo Sie zwar keinen Schrecken kriegen, wenn Sie plötzlich, noch halb verschlafen, merken, daß da jemand neben ihnen liegt. Aber wo es verflixt still ist und kühl – weil »sie« die Bettdecke hat.

* Wenn Sie sich in dieser Situation in Ihrer Eigenen Wohnung befinden, ist die Sache halb so schlimm. Sie wissen, wo das Bett quietscht und können leise aufstehen und die Kaffeemaschine anwerfen.

* Wenn Sie sich in einer fremden Wohnung wiederfinden, sind Sie hier eindeutig im Nachteil. Sie können nicht einfach in die Küche wandern und sich

mit dem Frühstück beschäftigen. Sie können sich zwar denken, wo Sie Eier, Butter und alles weitere finden – aber als wohlerzogener Mann käme es Ihnen hoffentlich nicht in den Sinn, in fremder Leute Küchen herumzukramen.

Was nun?

* Wenn »sie« zuerst aufwacht, hat sich Ihr Problem erledigt. Denn entweder weckt sie Sie ganz lieb auf – oder ist gerade im Bad und zieht sich ein neues Gesicht an (um Ihnen frisch-fröhlich guten Morgen sagen zu können), oder sie deckt gerade den Frühstückstisch.

* Wenn Sie bei ihr zuerst aufwachen, dürfen Sie eines nicht: sich still und leise anziehen und einfach verschwinden. Falls Sie es wirklich eilig haben, können Sie ihr immer noch einen Kuß auf die Schulter hauchen – oder, wenn Sie sie nicht wecken möchten, einen Zettel hinterlassen.

* Wenn Sie, ebenfalls in ihrer Wohnung, zuerst aufwachen und Sie beide Zeit und Lust haben, den Vormittag, Sonntag, das Wochenende miteinander zu verbringen, können Sie sie sanft aufwecken. Oder erstmal etwas lesen (eine Zeitschrift oder ein Buch finden Sie sicherlich in greifbarer Nähe) oder so tun, als ob Sie weiterschliefen – und »sie« zuerst aufwachen lassen. So kommen Sie nämlich darum herum, den ersten Satz zu sagen ...

Suchmeldung:
Grieche sucht Griechin

»Haben Sie Lust,
mein Schicksal zu sein?«

NIETZSCHE

oder:

»Suche
einen Menschen,
der mich ernstnimmt
(auch wenn ich spinne),
der zuhören kann
(auch wenn ich Quatsch rede),
der nicht nur
gute Ratschläge gibt
(auch wenn ich nicht mehr
weiter weiß).«

MANFRED MAI

Alle Jubeljahre lese ich Heiratsanzeigen. Und jedesmal denke ich, wie unfair es ist, daß der Inserent dafür zahlen muß. Wenn's nach mir ginge, würde er ein Honorar bekommen – denn der Anzeigenteil ist oft unterhaltsamer als der redaktionelle Teil der diversen Blätter. Gleichgültig, ob es sich um die jeweilige Stadtzeitung, das örtliche Boulevard-Blatt oder eine überregionale, seriöse Wochenzeitung handelt. Was man da so liest:

»Dr. jur. u. ehemaliger Unternehmer der Spitzenklasse, 56/182, ein blendend jung aussehender, sehr sympathischer Herr, brillanter Denker u. warmherziger Mensch – sein Vermögen von ca. 20 Mill. DM u. seine 800 Eigentumswohnungen mit einigen Mill. DM Jahreseinkommen ermöglichen ihm das Privatisieren und totale Widmen der Familie – wünscht jüngere Ehepartnerin.«

»Rüstiger Rentner, gutsituiert, alleinstehend, 80 J. sucht Partnerin.«

»Münchner, 38/170, gesch., gutaussehend, sehnt sich nach zärtlichen Zeilen d. Erotik einer netten Dame. Bildzuschr. an . . .«

»Stilles Gemüt, 36/182/70, Akad., erfolglos traurig und so verdammt allein, lechzt nach verständnisvollem Weib.«

»Welche Witwe, auch allein, kommt mit Möbeln? Schönes Haus (schuldenfrei). Bin 52/168, schlank, gepflegt, reise, kein Trinker, mit gutem Herz.«

»Hauptreihenstern im Sternbild d. Waage, sucht im Radius v. 25–37.000 Lichtjahren nach einer Sonne mit aktivem Kern, fraulicher Korona u. guter Leuchtkraft, um als Doppelstern die Galaxis zu durchstreifen. Sternschnuppe(n) willkommen! – Bitte keine Zwerg- od. Supernova – Licht(bild)impuls aus allen Himmelsrichtungen nach Hamburg.«

Solche Anzeigen würden Sie natürlich hoffentlich nicht aufgeben. Sie haben es schließlich nicht nötig, mit Ihren Millionen zu protzen, Sie »lechzen« nach gar nichts – schon gar nicht nach einer Frau. Sie suchen keine Wohnungseinrichtung und versuchen auch nicht verzweifelt, das, was Sie für Humor halten mögen, zu zeigen. Ferner halten Sie sich von bestimmten Formulierungen, die immer wieder in Heiratsanzeigen auftauchen, fern:

- »zwecks« Heirat. (Da muß es selbst der Frau, die dringend einen Mann sucht, grausen!)
- »Mädchenfrau« gesucht ... (Darauf antworten vielleicht kleine Mädchen, Frauen gewiß nicht!)
- »einfacher, anständiger Mann« sucht ... (Welche Frau will schon so einen? Das hört sich so nach Langweiler an.)
- »einfaches« Mädel gesucht. (Welches Mädel gilt schon gern als einfach ...)
- »Suche nach schwerer Enttäuschung Leidensgenossin.« (Wollen Sie mit ihr zusammen heulen, oder versuchen, Spaß zu haben?)
- »stelle keine hohen Ansprüche.« (Sollten Sie aber!)
- »Möchte schnellstmöglichst eine Frau kennenlernen.« (Warum haben Sie's plötzlich so eilig?)
- aus »Paritätsgründen« sollte sie ... (Sie sind doch kein reinrassiger Dackel, der ein Weibchen »zwecks« Paarung sucht!)
- »vom Leben enttäuscht« (Nehmen Sie's doch endlich in die Hand!)
- Freue mich auf deine »mutige« (Bild)Zuschrift ... (So ein Unsinn!)
- »mangels anderer Gelegenheit ...« (Wenn Sie dieses Buch gelesen haben?)
- »Wenn Sie sonst nie auf Anzeigen antworten, sind Sie die Richtige.« (Warum genieren Sie sich?)
- Bin humorvoll, charakterfest, treu, reich, schlank, sehe gut aus, habe Charme, undsoweiterundsoweiter.« (Da fragt sich jede, was mit Ihnen nicht stimmt!)

Nachdem Sie nun wissen, wie Sie Ihre Annonce nicht formulieren, müssen Sie nur noch erfahren, was Sie schreiben dürfen. Da gibt's zwei Möglichkeiten. Die eine ist, Sie sagen klipp und klar, wer Sie sind und was Sie wollen. Etwa so:

»Medizinmann, 46 Jhr., 184 gr., mit 20 000 grauen Haaren und ebensovielen Illusionen, sucht Partnerin zwischen 34 u. 40 Jhr., kinderliebend, natürlich u. attraktiv. Wenn Sie gelegentlich in meiner Praxis helfen möchten, sollten wir uns kennenlernen.«

»Raucher, Trinker u. Feinschmecker, 185, 56 J., 80 kg, sucht nettes Pendant.«

»Bin 45 J., jünger aussehend, Witwer ohne Anhang, kath., naturverbunden, Hobbys u. a. Wandern, Ski, sucht liebe, nette, häusliche Sie bis 38 Jahre.«

»Junggeselle, (45/187), Nichtraucher, Nichttrinker, Nichttänzer, tierlieb, häuslich, korrekt, sucht Partnerin.«

Der Vorteil einer solchen Anzeige ist: Die Frau, die darauf antwortet, hat zumindest eine grobe Ahnung davon, was sie erwartet. Dann gibt es noch die witzigen Inserate, die im Prinzip nur eines zeigen: daß Sie Humor haben:

»Wo sind all die »blonden Frauen« versteckt, vor denen mich meine Mutter warnte? Ich, 33, suche eine.«

»Ich habe das Alleinsein satt. Bin 28/190, blond, schlank. Mädels, laßt mich nicht sitzen!«

»Bin es leid, alleine zu frühstücken. Wer teilt mit mir (31/181) Kakao und Hörnchen?«

»Aus Spaß wurde Ernst, und Ernst kann jetzt schon laufen. Junger Vater (30) sucht Sie für alles, was zu zweit (und auch zu dritt) mehr Spaß macht.«

»Männliches Wesen, 38 J., leicht gebraucht, jedoch in

bestem Zustand, zärtlich und einfühlsam, ist noch frei.«

Falls Ihnen selbst nichts einfällt, können Sie sich ja erst einmal umsehen, wie es in der Sparte »sie sucht ihn« aussieht. Anzeigen, die zu beantworten Sie sich beherrschen können, sind:

Sie sucht ihn

»Teenager, süß und verschwiegen, sucht wohlhabenden, großzügigen, älteren Herren.« (ohne Kommentar)

»Empfindsame, 46jährige Sekretärin mit gediegener Halbbildung, beständig, sanft, übertriebenes Pflichtbewußtsein, bescheiden, sucht Partner in leitender Stellung, mit Sinn für Menschen zugewandte, problembeladene oder heitere Gespräche . . .« (Kein Wunder, daß die Gute noch allein ist!)

»Nach schwerem Schicksalsschlag würde natürliche, herzensgute Frau (38/167), anpassungsfähig, gute Hausfrau, gerne einen einsamen Herrn kennenlernen, um wieder Sonnenschein in sein Herz und Heim zu bringen.« (Wenn Sie eine Mutter suchen, sind Sie hier wahrscheinlich richtig. Sonst wohl kaum.)

»Rita ist verlassen worden. Wer versteht ihren Kummer und tröstet sie? Sie ist 20/159, zu schüchtern und zu treu, um sich durchzusetzen, und sie braucht jetzt jemanden, der zu ihr hält.« (ohne Kommentar)

»Bildhübsch, groß, schlank und blond ist die 25jährige Su, die so manches Männerherz höher schlagen läßt. Wo ist der charakterfeste, treue Partner, mit dem sie durchs Leben gehen darf?« (Da muß irgendwo ein Pferdefuß sein . . .!)

Dann gibt es natürlich auch hier Formulierungen, die Sie als Warnzeichen betrachten können. Etwa:

- »Suche Mann, zu dem ich aufblicken kann.« (Wollen Sie wirklich eine Frau, auf die Sie heruntersehen müssen?)
- »Armes, bescheidenes, einfaches Mädchen ...« (Tun Sie sich so etwas nicht an!)
- »Energische Frau sucht ...« (Hände weg, außer Sie suchen eine strenge Hand!)
- »Nach schwerer Enttäuschung ...« (So etwas ist für Sie kein Thema!)
- »Hund und Frauchen suchen Herrchen« (Wetten, daß der Köter im Doppelbett schläft und Sie auf der Couch?)
- »Darf ich auf ein Zeichen hoffen?« (O je – ohne weiteren Kommentar)
- »Nach hartem Schicksal ...« (Sie wollen doch nicht, daß sie Ihnen pausenlos die Ohren vollheult, oder?)
- »Suche adäquaten Mann.« (Der sind Sie nicht, soll sie ihn woanders finden.)
- »Haben sie Mut, mich zu lieben?« (Nein, den haben Sie nicht!)

Und schon wären wir wieder bei Annoncen angelangt, die Sie beantworten können, ohne gleich auf das Schlimmste gefaßt sein zu müssen.

»Sekretärin, 36, blond, schlank, sowie mit allen anzeigenüblichen Vorzügen ausgestattet ...« (Sie sieht die Angelegenheit nicht so verbissen – scheint es zumindest!)

»Alleingang erprobt, bestanden. Änderung erwünscht? Suche ...« (Das hört sich zumindest nicht nach Klette an!)

»Grüne Apo-Oma, 41 Jahre, mit zwei Kindern (16, 12) sucht lebendigen Gefährten zum Jungbleiben und Altwerden – allerlei künstlerische, praktische, alternative Fähigkeiten und Lust auf tausend Verrücktheiten vorhanden.« (Hier wissen Sie gleich, woran Sie sind!)

»Une femme de trente ans ... und ein bißchen mehr (34), hat die Lehr- und Wanderjahre nun endgültig hinter sich. Es war bis jetzt richtig und gut, allein zu leben und Erfahrungen zu sammeln und dabei Lachfalten und die ersten grauen Haare zu bekommen ...« (Wenigstens keine, die so tut, als sei sie noch Jungfrau.)

»Zwischen Trier und Saarbrücken scheint es niemanden zu geben, der einen zweiten Versuch wagen möchte ...« (Sie hat sich wenigstens schon umgetan!)

Nun bleibt Ihnen nur noch, auf das Inserat zu antworten. Das ist leichter gesagt als getan, denken Sie wahrscheinlich – und da haben Sie recht. Das beste ist: Sie versuchen gar nicht erst, einen langen Brief zu schreiben. Statt dessen kommen Sie gleich zur Sache – Sie wollen die Frau schließlich kennenlernen. Ihre Antwort auf eine Annonce könnte etwa so aussehen:

Antwort auf Annoncen

Anrede: Wenn »sie« sich selbst eine Bezeichnung gibt, können Sie diese ruhig verwenden. Zum Beispiel: »Liebe Apo-Oma«, »Liebe femme de trente ans«, – aber nicht: »Liebe Sekretärin«, »Liebe Einsame«, »Liebe Leidgeprüfte« ... Sollten Sie keinen guten Anhaltspunkt als Anrede haben, schreiben Sie einfach die Nummer: »Liebe ›ZH 2394‹«. Wie Sie sehen, setzen Sie die Chiffre-Nummer in Gänsefüße – das macht die Angelegenheit lockerer.

Text: »Nun hab' ich schon einen ganzen Papierkorb voller zerknüllter Briefanfänge, und mir fällt immer noch nichts ein, was ich Ihnen schreiben könnte. Wie wär's, wenn Sie mich anriefen? Dann könnten Sie mich fragen, was Sie wissen möchten.« Oder: »Nur gut, daß es das Telefon gibt! Mit Ihnen zu sprechen würde mir sicher leichter fallen, als Ihnen zu schreiben. Also: Anruf genügt, dann erzähl ich Ihnen, was Sie über mich wissen wollen.« Oder: »Vielleicht suchen Sie wirklich mich. Und ich Sie. Die beste Möglichkeit, das herauszufinden, wäre, wenn wir uns treffen könnten. Wann, wie und wo überlasse ich Ihnen. Rufen Sie mich doch einfach mal an, dann können wir alles weitere besprechen.«

»Gezeichnet«: Nicht: »Ihr ...« (Das sind Sie noch nicht!) Sondern: »Mit allen lieben Grüßen«, »Bis bald«, »Ich freue mich auf Ihren Anruf.« Darunter setzen Sie dann Ihre Unterschrift (leserlich!) – und warten ab. Sie wird sich schon melden. Alles, was Sie sonst noch zu dem Thema wissen müssen, erfahren Sie unter »Blind Dates«.

Ehevermittler – Geld, das Sie sparen können

»Ehemakler haben keinen Anspruch auf Lohn.«

aber:

»Einmal gezahlter Lohn kann nicht zurückverlangt werden.«

BGB, § 656

Wenn Ihnen absolut gar nichts anderes mehr einfällt, steht es Ihnen selbstverständlich frei, einen Ehemakler zu bemühen. Allerdings warne ich Sie hiermit eindringlich davor, sich falschen Hoffnungen hinzugeben. Gewiß, es gibt ein paar Dutzend Ehen, die von Heiratsbüros vermittelt wurden – aber im Prinzip ist es hier wie beim Lotto: Es sind immer die anderen, die einen Volltreffer erzielen. Das trifft auf »persönliche Partnervermittlung« ebenso zu wie auf »Computer-Partnervermittlung«. Bei letzterer sollte allein folgende Tatsache Ihnen zu denken geben:

Sie verpflichten sich mit Ihrer Mitgliedschaft auf ein Jahr. (Die Gebühr bezahlen Sie selbstverständlich im voraus, und Sie haben keine Chance, auch nur eine müde Mark zurückzubekommen.) Innerhalb dieses Jahres bekommen Sie pro Woche bis zu zwei Partnervorschläge – von denen jeder, weil der Computer perfekt ist, Ihren Idealpartner darstellt. (Müßte davon nicht einer voll und ganz genügen?) Die Partner, die Ihnen vermittelt werden, leben in einem Umkreis bis zu 80 Kilometern. (Wenn Sie in München wohnen und Ihre Idealfrau in Hamburg, bekommen Sie sie also nie zu Gesicht!) Wenn Sie nun glauben, daß die Frau, die der Computer Ihnen vermittelt, wenigstens die grundsätzlichen Voraussetzungen, die Sie an eine Frau stellen, mitbringt, sind Sie schon wieder einem Irrtum aufgesessen. Wenn Sie mir nicht glauben wollen, lesen Sie sich den Fragebogen, den Sie ausfüllen müssen, einmal ganz genau und mit kritischem Verstand durch. Und dann denken Sie einmal darüber nach, was die Dinge, die Sie angekreuzt haben, im Endeffekt über Sie verraten. Nämlich gar nichts. Klar lesen Sie gerne – aber was? Gewiß sind Sie politisch interessiert – aber in welcher Richtung? Ja, Sie sind auch evangelisch. Sind Sie das wirklich? Sie suchen eine Frau, die »natürlich«, »sportlich«, »selbständig« ist. Was verstehen Sie darunter?

Kurz und gut: Sparen Sie sich das Geld. Zumindest so lange, bis Sie dieses Buch von der ersten bis zur letzten Seite durchprobiert haben. Dann können Sie immer noch eine Annonce in die Zeitung setzen, oder eine beantworten. Wenn Sie dann immer noch alleine sind, dann werden Sie es, so leid es mir tut, wohl auch bleiben ...

Ein Dutzend Frauen auf einen Blick durchschaut

>»Wenn eine Frau sagte, sie sei genau wie alle
>Frauen – die wäre anders.«
>
>WILLIAM GERHARDI

Wenn Sie ausziehen, eine Frau aufzureißen, können Sie dabei oft das Fürchten lernen. Um größere Pannen zu verhindern, hier ein kleiner Überblick über die Typen von Frau, denen Sie auf Ihrer Suche begegnen werden. Von welchen Sie dann ganz schnell die Hände lassen, wissen Sie, wenn Sie dieses Kapitel gelesen haben, von selbst.

Die Feministin

Sie ist grundsätzlich in zwei Variationen vorhanden, von denen an dieser Stelle allerdings nur eine interessiert. (Mit der anderen, die Sie am liebsten sofort kastrieren würde, kommen Sie – hoffentlich – sowieso nicht in Berührung.)

Zu Anfang Ihrer Beziehung werden Sie die scheinbar männerfreundliche Feministin höchstwahrscheinlich für Ihre Traumfrau halten: Sie ist selbständig, hat eine eigene Meinung und sieht in Ihnen nicht den Beschützer, sondern den Partner. Denkste. Das Blatt wendet sich nämlich ganz schnell. Letztlich sieht sie Sie nämlich nicht als gleich-, sondern als minderwertig an. Als ihr Spielzeug. Alles, was Sie bald nur noch tun dürfen, ist: ihr im Beruf weiterzuhelfen (Sie haben selbstverständlich eine entsprechende Position), die Wohnung sauberzuhalten (sie ist schließlich nicht Ihre Putzfrau) und ihr sexuelles Vergnügen zu bereiten, wann immer ihr, nicht Ihnen, danach ist. Sie kann logischerweise alles, was bei Kinsey, Sheer, Hite und Kolle steht, auswendig und weiß daher, daß es Ihre verdammte Pflicht und Schuldigkeit ist, ihr zu einem Orgasmus zu verhelfen. Den kriegt sie sogar – wie Sie zurechtkommen, ist dabei verständlicherweise uninteressant.

Die Mütterliche

Anfangs werden Sie sie als unendlich lieb empfinden. Sie gibt sich unkompliziert, hat keine Launen, und Sie fühlen sich so richtig geborgen. Bei ihr kann man abends hundemüde nach Hause kommen, und wenn man ihr vorzügliches Abendessen verspeist hat, die Füße auf den Tisch legen. Oder lieber nicht. Plötzlich und unerwartet, nämlich dann, wenn sie Ihrer sicher ist, fängt sie damit an, an Ihnen herumzuerziehen. Füße auf den Tisch ist also nicht mehr, wenn's draußen windig ist, haben Sie gefälligst einen Schal anzuziehen, und überhaupt hat alles seine Ordnung. Auch im Schlafzimmer. Sie ist schließlich das, was *sie* unter Frau versteht – und nicht, wie Sie vielleicht meinen, ein Sex-Objekt. Außerdem weiß sie, daß Sie am nächsten Morgen früh aufstehen müssen, und da sollten Sie sowieso lieber ausschlafen – damit Sie für den Beruf fit sind. Sie sollen schließlich Karriere machen. Damit sie stolz auf Sie sein kann ...

Die Puppe

Zuerst ist sie was ganz Schnuckeliges. Sie ist putzig, hilflos, adrett, Sie liebt Schnick-Schnack, Teddybären und vor allem – Sie! Sie ist kuschelig, anlehnungsbedürftig und erklärt Ihnen, daß sie einen Mann braucht, zu dem sie aufschauen kann. Zu Ihnen kann sie das. Weil Sie ein so großer, starker, eben ein ganzer Mann sind. Repräsentieren können Sie mit dem naiven Püppchen auch – nur müssen Sie da aufpassen, daß es den Herzchen-Mund nicht aufmacht. Zu sagen hat die Kleine nämlich nicht allzuviel, warum sollte sie auch – Sie wissen ja alles, was sie nicht weiß. Sie hat nur eine Meinung – Ihre. Wenn Sie ein Mädchen zum Verwöhnen brauchen, dann sind Sie hier, wie Sie sehen, an der richtigen Adresse. Aber nur dann.

Die Karrierefrau

Sie ist das Gegenteil des Püppchens. Sie kann nämlich – und das bekommen Sie zu spüren – sehr wohl sehr gut ohne Sie auskommen. Anfangs mag Ihre Beziehung zu der Karrierefrau ganz witzig sein: Sie verlangt nicht, daß Sie sich unentwegt um sie kümmern und ist durchaus imstande, alleine eine Glühbirne auszuwechseln. Sie ist aller Wahrscheinlichkeit nach emanzipiert genug, um Spaß im Bett zu haben (und es auch zu zeigen), und in den Pausen können Sie mit ihr reden. Und lachen. Einziges Problem: Es gibt nicht viel zu lachen, weil Sie sie so selten sehen. Ihr Beruf steht an erster Stelle, dann kommt lange, lange, lange nichts – und dann kommen irgendwann Sie. Wenn es ihr gerade in den Kram, oder besser, in den Terminkalender paßt. Sollte Ihrer ebenso mit geschäftlichen Daten angereichert sein, halten Sie die Beziehung zu der Karrierefrau vielleicht für ideal. Bis zu dem Zeitpunkt, an dem Sie gerade Zeit haben – es ihr aber leider nicht gelingt, Sie mit einzuplanen.

Die Unentschlossene

Ihr Schicksal ist es, immer zwischen zwei Männern zu stehen. Und für keinen von beiden kann sie sich entscheiden. Zu Beginn Ihrer Freundschaft mögen Sie ihre Ehrlichkeit Ihnen gegenüber – sie erzählt Ihnen natürlich von dem anderen – toll finden. Aber irgendwann wird es Ihnen, wenn Sie sie für das Non-Plus-Ultra halten, ganz schrecklich an die Nieren gehen, daß da noch jemand ist, den sie aus zig Gründen nicht verlassen kann. Noch nicht. Wenn sie es dann endlich geschafft hat, können Sie noch lange nicht aufatmen. Denn der nächste kommt bestimmt. Und dann ist sie wieder zwischen zwei Männern hin- und hergerissen, von denen Sie derjenige sind, bei dem sie – vorerst – bleiben muß. Wenn Sie einen masochistischen Einschlag haben, liegen Sie bei der Unentschlossenen gerade richtig. Ansonsten wird die Beziehung zwar nie langweilig, aber Ruhe finden Sie dabei nie.

Die Chaotin

Zunächst wird sie Ihren Beschützerinstinkt wecken und Ihnen damit das Gefühl vermitteln, ein ganzer Mann zu sein. Das macht die Angelegenheit natürlich reizvoll. Sie werden schon dafür sorgen, daß dem lieben Mädchen nicht immer wieder alles quer läuft, so wie es das bisher tat. Jetzt, wo sie Sie getroffen hat, kann sie endlich einmal Nägel mit Köpfen machen, denn Sie werden ihr schon zeigen, wo's langgeht. Einziges Problem ist nur: Gleichgültig, was sie auch anfaßt, es geht immer wieder alles schief. Und wer ist diesmal daran schuld? Sie natürlich, wer sonst. Sie hat doch nur getan, was Sie ihr geraten haben. In abgewandelter Form vielleicht, aber sie hat nun mal auch ein anderes Temperament als Sie. Wenn es Ihnen nichts ausmacht, den Sündenbock zu spielen und rund um sich herum alles zu Bruch gehen zu sehen, sind Sie der einzige Typ von Mann, der es mit ihr aushalten kann. Nicht nur für ein paar Tage, sondern dauernd.

Die Hysterische

Sie ist das Gegenteil der Chaotin. Alles, was um sie herum nicht so läuft, wie es sollte, hält sie für ihre eigene Schuld. Selbst das Wetter. Kurzum: Sie ist nur glücklich, wenn sie unglücklich ist. In den ersten Tagen oder Wochen Ihrer Beziehung werden Sie sich wahrscheinlich noch als Samariter sehen und sie von ihrem Schuldkomplex heilen wollen. Sie macht sogar Anstalten, das Leben wirklich einmal von der positiven Seite zu betrachten. Aber nach fünf Minuten ist das alles wieder vorbei. Sie versteht auch gar nicht, warum Sie mit ihr zusammensein wollen – und bald verstehen Sie es höchstwahrscheinlich auch nicht mehr. Prompt hat sie mal wieder recht behalten: Sie hat gewußt, daß sie immer wieder alles kaputtmacht. Und das hat Sie Ihnen auch von Anfang an gesagt. Das Spielchen geht dann so weiter, daß Sie es noch einmal mit ihr versuchen – und nach dem zwanzigsten Auseinandergehen-Wiederzusammenkommen sind Sie dann endgültig mit Ihren Nerven und mit der Beziehung am Ende.

Die Kraftprobe

Endlich mal eine Frau, die nicht darauf aus ist, Sie sofort zum Standesamt zu schleifen! Im Gegenteil: Sie denkt gar nicht daran, sich fest zu binden. Das reizt Sie natürlich um so mehr, und schon unternehmen Sie alles, um die Frau, die nicht zu kriegen ist, für sich alleine zu gewinnen. Das ist auch der Sinn der Sache – aber das können Sie natürlich nicht ahnen. Je kühler sie sich gibt, desto heißer werden Sie. Anfangs halten Sie sich natürlich an die Spielregeln und fallen nicht mit der Tür ins Haus. Sie wollen sie schließlich nicht verschrecken. Aber irgendwann, da hilft, glauben Sie, nur noch Offenheit. Sie sagen ihr, daß Sie sie wirklich lieben – und damit sind Sie sie dann endgültig los. Der nächste, mit dem sie es genauso macht, steht schon an der Ecke und wartet nur darauf, die Gelegenheit zu bekommen, sich als geschickter zu erweisen, als Sie es waren. Aber keine Angst: Ihm wird es auch nicht anders ergehen wie Ihnen. Die einzige Leidenschaft der Kraftprobe ist es, Triumphe über Männer zu sammeln, wie andere Leute Bierdeckel. Noch ein Trost: Sollte es, was sehr wohl im Bereich des Möglichen liegt, diese Frau einmal erwischen, gerät sie zumeist an ihresgleichen. Alleine bleiben wird sie also im Endeffekt so oder so.

Die Lückenbüßerin

Ihr Problem ist es, daß sie viel zu nett und viel zu verständnisvoll ist. Anfangs finden Sie es zwar wahrscheinlich herrlich, an eine Frau geraten zu sein, die für dies und jenes und vor allem für Sie Verständnis hat. Selbst wenn andere Frauen Ihnen wehgetan haben, wird sie Sie noch trösten. Sie sieht auch voll und ganz ein, daß Sie nicht dann zur Stelle sein können, wenn sie Sie einmal braucht. So ist nun mal das Leben. Und weil Sie sich im Grunde so wenig um sie kümmern, spielt sie auch noch bei anderen Männern die Lückenbüßerin. Die liebt sie genauso viel oder genauso wenig wie Sie. Deshalb sind Sie auch nicht böse, wenn Sie eines nachts bei ihr auftauchen und sie ausnahmsweise mal anderweitig engagiert ist. Schließlich hatten Sie sonst immer Glück und sie war da, wenn Sie eine Schulter und andere, weibliche Körperteile brauchten. Davon abgesehen, daß Sie die Lückenbüßerin nicht lieben, ist mit ihr alles in Ordnung. Sie ist unkompliziert, (fast) immer griffbereit, und eines Tages stellen Sie fest, daß sie aus Ihrem Leben verschwunden ist. Nur wann und warum das geschah, können Sie nicht mehr richtig rekonstruieren. Vielleicht deshalb nicht, weil Ihnen jegliche Erinnerung an himmelhochjauchzende-zutodebetrübte Stunden mit ihr fehlt. Dafür fehlt sie Ihnen nicht (auch wenn sie mal wieder ganz praktisch wäre) – und das ist immerhin auch etwas wert.

Die graue Maus

Sie ist diejenige, die hervorragendes Ehefrau-Material abgibt. Wenn man von dem perfekten Haushalt, den sie führt, einmal absieht, ist sie rundherum mittelmäßig – was besseres kann Ihnen gar nicht passieren. Sie ist nicht übermäßig intelligent, folglich brauchen Sie nie zu befürchten, ihr unterlegen zu sein. Dumm ist sie allerdings auch nicht, denn sie packt es immerhin noch, die Lateinhausaufgaben Ihrer Kinder zu überwachen. Sie ist nicht umwerfend schön – deshalb müssen Sie keine Angst davor haben, daß ein anderer kommt und sie sich schnappt, während Sie im Büro sitzen oder gar auf Geschäftsreisen sind. Häßlich ist sie selbstverständlich auch nicht. Mit ein wenig mehr Make-up (denn sie benutzt normalerweise so gut wie gar keines) sieht sie sogar ganz passabel aus. Nicht mehr so blaß. Ihre Kleidung ist zeitlos praktisch. Von Schick hat sie noch nie etwas gehört, aber dafür näht sie Ihnen den Knopf, den Sie gestern erst abgerissen haben, heute schon wieder an. Sie ist nämlich sowieso gerade damit beschäftigt, sich nach einem Brigitte-Schnittmuster ein Kleines Schwarzes zu nähen, das sie bei einem Abendessen mit Ihrem Boß (bei Ihnen daheim, wo sonst?!) einweihen möchte. In Küche und Bett bietet sie Ihnen Hausmannskost. Auch das hat seine Ordnung. So werden auf die Dauer weder Ihr Magen noch Ihre Manneskraft überfordert. Um Ihren Wunsch nach Extravaganz zu erfüllen, halten Sie sich eine Geliebte. Dagegen hat die graue Maus nichts einzuwenden. Im Gegenteil: Sie ist froh, wenn sie mit dieser Tatsache nicht konfrontiert wird, und dankt es Ihnen ewiglich, daß Sie sie nicht für die andere verlassen. Sie weiß, daß eine Frau einem Mann auf immer nicht genügen kann. Wozu liest sie sonst die ganzen Frauenmagazine (und schaut auch mal in Ihre Herrenzeitschriften), in denen sie mit dem Unsinn von männlicher »angeborener« Polygamie beruhigt wird. Wenn Ihnen also eine graue Maus über den Weg läuft, halten Sie sie bloß ganz schnell fest. Sie sind nämlich, wenn ich mich so umschaue, im Aussterben begriffen ...

Die Sexbombe

Sie hat eine Figur, die jeden Mann den Atem anhalten läßt. Ihre Lippen sind sinnlich (besonders die Unterlippe), ihre Fingernägel lang, rot und gepflegt, und ihr Haar ist das eines Engels. Sie hat Rehaugen (oder große, blaue Kullerchen), und ihre Kleidung verhüllt ihre Vorzüge nicht, sondern unterstreicht sie. Nur zu verständlich, daß eine solche Erscheinung Sie anzieht wie Motten das Licht. Aber dann? Dann ruft sie: Hände-weg-rühr-mich-nicht-an! Alles, was sie Ihnen zeigt, ist nämlich nur zum Anschauen, nicht zum Anfassen (und erst recht nicht Anbeißen) gedacht. Darauf können Sie Gift nehmen – vor allem dann, wenn Sie der Sexbombe in einer Diskothek begegnen. Sollten Sie es jedoch trotzdem schaffen, die Sexbombe dahin zu bringen, wo Sie sie gerne hätten – in die Horizontale nämlich –, werden Sie vermutlich enttäuscht sein. Denn die Verpackung, so zumindest sagen die Männer, mit denen ich gesprochen habe, hält nur in den seltensten Fällen, was sie verspricht. Wozu Sexbomben sich allerdings hervorragend eignen, ist, sie zum Diner zu führen. Oder sonstwohin, wo man um sie beneidet werden kann ...

Die Idealfrau

Entgegen allen anders lautenden Behauptungen bin ich sicher, es gibt sie! Sie erkennen sie oft sogar als solche: Nur, dann laufen Sie ihr ganz schnell wieder davon, weil Sie Angst davor haben, daß sie Sie sonst eines Tages verlassen könnte. Weil Sie fürchten, daß die ganze Angelegenheit zu schön ist, um wahr (sprich: von Dauer) zu sein. Weil Sie nicht verstehen können, was diese tolle Frau an Ihnen findet. Kurz und (gar nicht) gut: Es mangelt Ihnen an Selbstvertrauen. Nicht immer, eigentlich nie – nur bei dieser Frau. Weil sie eben Ihr »Ideal« und damit unerreichbar ist. Und sie? Sie kann es nicht begreifen, daß ihr Idealmann plötzlich davongerannt ist. Oder vielmehr wird sie sich sagen, daß er so ideal wohl doch nicht war – sonst hätte er begriffen, daß es mit ihr so einfach gewesen wäre, genau die Beziehung zu haben, von der wir alle, Männer und Frauen gleichermaßen, wenn wir uns selbst gegenüber ehrlich sind, träumen ...

Wie du mir, so ich dir

»Liebe – sagt man schön und richtig –
Ist ein Ding, das äußerst wichtig.
Nicht nur zieht man in Betracht,
Was man selber damit macht,
Nein, man ist in solchen Sachen
Auch gespannt, was andre machen.«

WILHELM BUSCH

Entweder trifft Sie jetzt der kalte Schlag, oder Sie voll-
führen vor Freude gleich drei Luftsprünge: Sie, meine
Herren, sind nämlich nicht die einzigen, denen gesagt
wird, wie man jemanden aufreißt. Im Gegenteil. Die
diversen Frauenzeitschriften sind voll von Tips, wie
Lieschen, Susi und ich einen Mann wie Sie finden können. Und natürlich auch, wie dumm wir uns stellen
müssen, um Ihre Aufmerksamkeit – und nach ziemli-
chem Zeitraum nicht nur die – erregen zu können.

Einmal finden Sie uns natürlich überall dort, wo Sie
uns zurecht vermuten. Und dann auch noch da, wo Sie
absolut nicht mit uns rechnen. Frauen sind eben immer
einen Schritt schneller. Falls Sie trotz aller guten Ratschläge zu den Männern gehören, die eine Extra-Einladung brauchen, wird es Sie sicherlich interessieren,
welch plumpe Hinweise wir Ihnen geben sollen, um
damit zu signalisieren, daß Sie sich an uns herantrauen
dürfen. Nein, sollen. Wenn Sie jedoch zu den Männern

gehören, die gern die Illusion, daß es immer die Männer sind, die die Frauen aufreißen, behalten möchten, dann rate ich Ihnen dringlichst, den Rest dieses Kapitels nicht mehr zu lesen. Noch besser: Reißen Sie diese Seiten aus dem Buch, verbrennen Sie sie und halten Sie das Ganze einfach für einen albernen Alptraum.

Die offensichtlichen Treffs

MUSEEN

Rembrandt, van Gogh, Picasso und wie sie alle heißen, würden sich im Grab herumdrehen, wenn sie wüßten, daß nur ein minimaler Prozentsatz derer, die ein Museum betreten, sich an ihren Gemälden erfreuen wollen. Statt dessen üben sich Männlein wie Weiblein dort in der Kunst des Aufreißens. Was Sie zu tun haben, wissen Sie ja mittlerweile. Hier also, was *wir* tun:

»Haben sie einen Kugelschreiber? Meiner hat gerade seinen Geist aufgegeben.« (Damit, so erzählt man uns, machen wir einen »intellektuellen« Eindruck auf Sie.) Daß wir Botti-wie-heißt-er-noch nicht buchstabieren können, kriegen Sie natürlich nicht mit. Ist Ihnen doch auch sicherlich sowieso gleichgültig, oder??? Und dann fragen wir Sie natürlich noch, wo wir besagten Rubens, nach dem ich Ihnen geraten habe, uns nicht zu fragen, finden können. Sie halten schließlich den Katalog in der Hand oder haben den Knopf im Ohr ...

PARTIES

»Haben Sie Feuer?« »Würde es Ihnen etwas ausmachen, mir ein Glas Mineralwasser mitzubringen?« (Eine Dame trinkt nicht!) »Mir ist plötzlich so heiß. Würden Sie mir bitte an die frische Luft helfen?« (Heiß wird uns natürlich bei Ihrem Anblick. Glauben Sie bloß nicht, wir seien schwanger!) »Wo ist denn Ihre Frau?« (So kriegen wir gleich raus, ob und wo Sie eine haben!) »Ist die Gastgeberin nicht entzückend angezogen?« (Nein, wir wollen natürlich hören, daß wir viel schöner gekleidet und überhaupt was ganz Tolles sind.) »Ich bekomme kein Taxi mehr ...« (Das heißt selbstverständlich im Klartext, daß wir von Ihnen heimgefahren werden möchten.) »Meine Zigarettenschachtel ist leer. Würden Sie mir wohl aushelfen?« (Nicht nur mit Zigaretten, das begreifen Sie hoffentlich!). Ansonsten: Kein Spruch ist uns dumm genug, weil wir so Ihren Beschützerinstinkt wecken ...

PARK

Wenn Sie einen Hund spazierenführen, und eine Frau Sie fragt: »Beißt der?«, heißt das nichts anderes als: »Schmusen Sie?« Wenn wir vor Ihren Augen mit dem Fuß umknicken, erwarten wir natürlich, daß Sie uns auf Händen zur nächsten Bank tragen. Wenn wir Sie nach einem Taschentuch (Tempo natürlich!) fragen, um damit die schmutzige Parkbank abzuwischen, bevor wir uns mit dem weißen oder rosa Röckchen darauf setzen, weil uns die kleinen Füßchen wehtun, erwarten wir selbstredend, daß Sie uns auf der Bank Gesellschaft leisten. Wenn eine Frau vor Ihren Füßen in Ohnmacht fällt, dann hat sie schon einen Applaus verdient. (Ich konnte das leider noch nie auf Befehl.) Und wohl auch, daß Sie sich erst mal um sie kümmern ... Wenn wir plötzlich laut und vernehmlich »Huch, eine Spinne« (Ameise, Ohrenkäfer) schreien (wobei wir im Gras liegen und aufschrecken), erwarten wir natürlich, daß Sie das böse, böse Tier sofort kaputtmachen. Oder noch

besser: vorsichtig aufheben und am andern Ende des
Parks, wo es uns nicht mehr belästigen kann, wieder
aussetzen. Falls wir einen Hund haben, der fröhlich auf
Sie zuspringt, sollen Sie natürlich nicht den Köter, sondern uns streicheln ...

STRASSE

Wenn wir uns vor Ihren Augen damit abmühen, unser
Auto freizuschaufeln (vom Schnee, versteht sich!), und
dabei erkennen lassen, daß uns die Arme bald abfallen,
rechnen wir damit, daß Sie als kräftiger Kerl nichts besseres zu tun haben, als uns die Schaufel zu entreißen,
das Auto startklar zu machen – und uns zum Dank dafür zu einer Tasse Kaffee einladen. Tee geht auch noch.
Aber niemals Wein. Wir wollten schließlich gerade wohin fahren ... Wenn wir ein Taschentuch fallen lassen
... nein, *so* dumm sind wir nun doch nicht. Wenn wir
also unsere Handtasche fallen lassen und sich der gesamte Inhalt auf die Straße ergießt, stürzen Sie hoffentlich todesmutig zwischen den Autos hindurch und sammeln unsere Lippenstifte, Kamm, Puderdose wieder
auf. Sollten wir im Begriff sein, die Straße gerade dann
überqueren zu wollen, wenn ein Auto langsam um die
Ecke gebraust kommt, halten Sie uns natürlich fest, retten uns das Leben – und dafür umarmen wir Sie dann ...
Wenn wir Sie fragen, wo's langgeht, sagen Sie uns das
natürlich. Sie wissen nämlich genau, wo sowas hinführt
... Na, und wenn eine Frau Sie fragt: »Kennen wir uns
nicht?«, ist die einzig erlaubte Antwort: »Noch nicht ...«

SUPERMARKT

Hier neigen wir dazu den Dosenturm »Junge Erbsen,
Sonderangebot« umzuwerfen. Versehentlich, wohlge-

merkt. Und während Sie uns helfen, den »Schaden« wieder zu beheben, kommen wir ins Plaudern ... Wir bringen es auch fertig, Ihnen zu sagen, daß Sie dieses Büschel Petersilie nicht kaufen sollen. Ist schon zu alt und gammelig. Auf unserem Balkon haben wir allerdings frische ...

ÖFFENTLICHE VERKEHRSMITTEL

Im Bus und in der Straßenbahn treten wir Ihnen auf die Füße. Das macht Ihnen natürlich nichts aus. Uns grämt es aber so, daß Sie uns trösten müssen ... Ansonsten durchbohren wir Sie mit unseren Blicken. Wenn Sie einen Sitzplatz haben, heißt das nicht, daß Sie aufstehen, sondern daß Sie uns auf den Schoß nehmen sollten. (Nicht hier, versteht sich!)

Im Zug packen wir's selbstverständlich nicht, unseren Koffer alleine auf die Ablage zu hieven. Als Gentleman sind Sie sofort zur Stelle – und unterhalten uns dann die gesamte Fahrt ... Wir suchen auch verzweifelt nach Kleingeld, wenn der Speisewagenkellner mit seinem kalten Kaffee in unser Abteil kommt. Ist doch klar, daß Sie uns aushelfen – und wir Ihnen das Geld dann ein paar Minuten später mit überschwenglichem Dank zurückerstatten ... Wonach wir auch noch suchen, ist unsere Fahrkarte. Bis wir sie endlich finden, sind wir völlig entnervt – und Sie beruhigen uns dann wieder ... Wenn das alles nichts nützt, dann fragen wir Sie kurz vor jedem Bahnhof, ob wir nun endlich in Buxtehude sind. Gerührt von soviel Naivität – wir haben München erst vor zwei Stunden verlassen –, fangen Sie dann mit uns eine Unterhaltung an ...

Falls Sie es sind, der im Flugzeug einen Fensterplatz ergattert hat, beugen wir uns so lange über Sie drüber, bis Sie etwas sagen müssen. Was Sie natürlich nicht tun, ist, den Platz zu tauschen und dann einzuschlafen. Sie bieten uns vielmehr Ihren Platz an, und dafür sehen wir dann nur noch Sie – und nicht mehr aus dem Fenster... Manchmal haben wir auch Angst vorm Fliegen. Aber Sie kriegen das schon hin ... Oder wir lesen ganz frech in Ihrer Zeitung mit. So lange, bis Sie uns erzählen, was drinsteht ...

AM STRAND

Da fragen wir Sie doch tatsächlich: »Ist das Wasser sehr kalt?« Oder wir humpeln plötzlich, weil wir einen Kiesel in die Sandalette bekommen haben ... Notfalls tun wir auch so, als seien wir in eine Qualle getreten. Dann nehmen Sie unsere zarten Füßchen sanft in Ihre starken Hände und singen: Heile, heile Segen ... Wenn wir ganz verrucht sind, dann bitten wir Sie, uns den Rücken einzucremen. Das tun Sie selbstverständlich langsam und so, daß wir es genießen können. Wir revanchieren uns auch ... Uns fallen auch die Zigaretten ins Wasser, und Sie müssen uns eine von Ihnen anbieten. Oder wir planschen so ungeschickt im Wasser herum, daß wir Ihnen Gelegenheit geben, uns vor dem Tod durch Ertrinken zu retten ... Wir bitten Sie auch, auf unsere Sachen aufzupassen, während wir schwimmen gehen. In fünf Minuten sind wir dann wieder da. Wehe, Sie wollen den Spieß jetzt umdrehen ...

SPORT

Wo immer Bälle im Spiel sind, fliegen sie uns weg. Sie holen sie wieder. Bis Sie so erschöpft sind, daß Sie zu allem ja und amen sagen ... Wir stellen uns auch so niedlich ungeschickt an – egal bei welcher Sportart –, daß Sie es nicht mehr mitansehen können und uns zeigen, wie's geht ... Manchmal machen wir auch ganz einfach schlapp. In der Hoffnung, daß Sie uns beweisen, was für ein starker Mann Sie sind ...

RESTAURANTS, BARS

Wenn wir nervös alle drei Sekunden auf die Uhr schauen, hoffen wir doch, daß Sie uns fragen, ob Sie uns Gesellschaft leisten können. Vorausgesetzt, daß wir die Zeit, die zwischen den Drei-Sekunden-Intervallen liegt, mit Ihnen flirten. Und was stellt sich heraus? Unsere Freundin hat uns versetzt. Ein Mann würde so etwas nie tun, zudem ist gerade keiner da, der uns interessiert – außer Ihnen ... Wir fragen Sie auch, ob Sie wissen, was Escargot sind. Dann kommen Sie sich nämlich angeblich ganz toll gebildet vor und bestellen für uns auch noch das Hauptgericht. Nachspeise sind dann, wenn alles klappt, Sie ... Wir schauen auch, wenn's gar nicht anders geht, so aus, als wären wir im Begriff loszuheulen. Das tun wir natürlich nicht, weil Tränen unser Make-up verderben würden (es gibt immer noch keine absolut wasserfeste Wimperntusche!). Der Hauptgrund, aus dem wir uns dann wieder bekrabbeln (offiziell), ist der, daß Sie uns fragen, was uns fehlt, wir Unverständliches stammeln und unmißverständlich meinen: Sie fehlen uns ...

In Bars verhalten wir uns schon eleganter. Da setzen wir uns niemals an die Bar, sondern an einen Tisch, den Sie von Ihrem Platz aus gut sehen können. Irgendwann werden Sie uns schon einen Drink schicken ... Ab und zu lesen wir in der Bar auch ein Buch. Dann warten wir darauf, daß Sie uns erklären, daß wir uns bei der schlechten Beleuchtung die Augen verderben könnten, und sich um uns kümmern, damit wir nicht bald eine Brille brauchen. Sie können uns auch fragen, was wir lesen. Meistens ist es was Hochintelligentes, was uns einen intellektuellen Anstrich verleihen soll. Oder es ist der neue Konsalik – dann haben wir wenigstens gleich ein ergiebiges Gesprächsthema ... Um Sie gleich zu warnen: Später als zwei Stunden vor Sperrstunde finden Sie keine anständigen Mädchen mehr alleine in Bars. Auch nicht mit nem Sartre in der Hand. Weil wir nämlich wissen, daß Sie, wenn Sie erst so spät kommen, woanders mit Ihrer Aufreißmasche nicht viel Glück hatten – und überhaupt können Sie um diese Uhrzeit nur das eine wollen. Wir auch – aber Sie müssen sich trotzdem an unsere Spielregeln halten.

NACHBARLIEBE

»Haben Sie Zucker?«, »Ein Ei?«, »Salz?«. Nicht alles gleichzeitig, versteht sich. Sondern heute das eine, in drei, vier Tagen das andere, und zwischendurch geben wir Ihnen natürlich das, was Sie uns geborgt haben, mit herzlichem Dank und unserem charmantesten Lächeln zurück ... Mehr fällt uns dazu leider nicht ein. Aber Ihnen, hoffentlich ...

BÜRO

Wenn Sie unser Chef sind, gibt es zwei Möglichkeiten. Entweder mimen wir die Hilflose – oder die Supersupersekretärin. Im ersten Fall brechen wir beim Diktat in Tränen aus. Sie fühlen sich schuldig – sind Sie auch. Hätten Sie uns eher bemerkt, müßten wir nicht so ein Theater spielen. Oder wir gießen den Kaffee, den wir Ihnen gerade bringen wollten, über unser Kleid. Was tun Sie nun?

Die andere Masche ist mühsamer, aber wohl wirkungsvoller. Wir arbeiten bis spät in die Nacht – und geben Ihnen reichlich Gelegenheit, das zufällig mitzukriegen. Überstunden berechnen wir natürlich keine. Sie werden schon noch dafür zahlen ... Wir kaufen für Ihre Frau das Geburtstagsgeschenk. So lange, bis Sie unseres kaufen ... Wir schützen Sie vor unerwünschten Besuchern, Anrufen. Wir sind immer freundlich, nie launisch, immer adrett. Wir wissen alles, und wenn wir es besser wissen, reiben wir Ihnen das nicht unter die Nase. Wir machen Ihren Job. So lange, bis wir ihn – oder Sie – haben.

Schau einmal, wer ist denn da?

BMW-, MERCEDES-REPARATURWERKSTÄTTEN

Sie sind schon vor Jahren draufgekommen, daß man mit bestimmten Autos bestimmte Mädchen aufreißen kann. Uns erzählt man das erst jetzt. (Wir mußten wohl so lange warten, bis die Emanzipation der Frau soweit fortgeschritten war, daß man ihr nicht nur eine Ente oder einen Käfer zutraut!) Wie dem auch sei, es muß gar nicht unser Wagen sein, mit dem wir da vorfahren. So lese ich wenigstens. Hauptsache, wir bleiben lang genug dort, bis Sie uns auch bemerken. Wenn Sie das nicht von alleine tun, dann stellen wir so dumme Fragen wie: »Wissen Sie, ob ich hier mit American Express zahlen kann?«, »Wie schnell fährt denn Ihrer?«, »Meinen Sie, das neueste Modell ist wirklich so gut, daß ich diesen dafür in Zahlung geben sollte?« Als Mann von Welt wissen Sie natürlich alle Antworten, finden uns rührend und faszinierend zugleich – und wie wir, falls es nicht unser Volvo war und Sie angebissen haben, aus der albernen

Mogelei herauskommen, wird wohl im überübernächsten Heft zu lesen sein. Noch hat uns das keiner verraten.

AUKTIONEN .

Zum ersten, zum zweiten, zum Donnerwetter, beachten Sie uns endlich! »Darf ich mal Ihren Katalog sehen?« Na bitte, jetzt begreifen Sie, was für eine tolle Frau da neben Ihnen sitzt, steht. Vor allem, wenn wir das Ding dann durchblättern und so tun, als verstünden wir was von dem Zeug, das da versteigert wird. (Es sind natürlich nicht die Sachen aus dem Fundbüro, sondern Antiquitäten, Musikinstrumente oder sonstwas, wo wir Männer mit Geld finden.) Wenn's dann allerdings soweit kommt, daß Sie mit uns fachsimpeln wollen, lächeln wir einfach und sagen: »Ist diese Ming-Vase nicht bezaubernd?«

FLUGSCHULE

Auch wenn's ein paar Mark kostet, wie Sie sehen, ist uns nichts zu teuer, um jemanden kennenzulernen, der sich nicht nur die Flugstunden, sondern auch noch eine Cessna dazu leisten kann. Das bißchen Unterhalt für uns ist dann auch noch drin. »Es ist das erste Mal«, sagen wir mutig, wenn Sie uns ansprechen. Prompt erzählen Sie uns Ihr Fliegerlatein. Fallen wir voll drauf rein – und Sie hoffentlich auf uns, Hals- und Beinbruch!

KAMERAGESCHÄFTE

Daß wir hier nicht David Hemmings treffen, ist uns klar. Aber Sie tun's auch. Nur klicken muß es. Zumindest wissen Sie spätestens dann, daß wir Sie für ein Bild von einem Mann halten, wenn wir Sie hilflos anschauen, während der Verkäufer uns die Technik erklärt.

Wenn wir nach seinem fachgerechten Vortrag erklären, daß wir kein Wort davon verstanden haben, springen Sie ein und wiederholen alles noch einmal. So, daß wir das auch kapieren können. Verstanden?

REISEBÜROS

Solange es geschäftig und geräumig ist, können wir uns hier stundenlang aufhalten und darauf warten, daß Sie zur Tür hereinspaziert kommen. Sie suchen: irgendein Urlaubsziel, das Sie innerhalb der nächsten drei Tage bis drei Monate anfliegen können. Alleine – darüber sind Sie ein bißchen traurig. Schon wieder niemand da, der mit Ihnen die Sonne teilt. Irrtum: Wir sind hier. Und unser untrüglicher weiblicher Instinkt verrät uns natürlich gleich, daß Sie der richtige Fisch für unsere Angel sind. Wir kommen mit Ihnen ins Gespräch. »Da würde ich auch gern mal hin!« oder: »Ich habe gar keine richtige Lust, in Urlaub zu fahren, weil es alleine keinen Spaß macht. Aber es hilft nichts, ich muß mal raus!« Das sind so in etwa die Sätze, die Sie zu erwarten haben. Das mindeste, was wir erwarten, ist, daß wir dasselbe Urlaubsziel zur selben Zeit anfliegen ... Wenn Sie uns übrigens erzählen, daß Sie an Urlaub in Luzern dachten, und wir Ihnen strahlend erzählen, Lausanne sei um diese Jahreszeit viel schöner, dann sind Sie hoffentlich Mann von Welt genug, mit uns einen Kompromiß zu schließen und zwei Flüge nach Lugano zu buchen ...

Wo? Auf Reisen: Warte
auf Anschluß

»Wem Gott will rechte Gunst erweisen,
Den schickt er in die weite Welt.«

JOSEPH FREIHERR VON EICHENDORFF

Selbst wenn Sie keinen Anschluß – an das andere Geschlecht – suchen, beim Reisen finden Sie ihn meistens trotzdem. Ob es Ihnen allerdings möglich ist, dann, wenn Sie das gemeinsame Transportmittel verlassen haben, miteinander in Verbindung zu bleiben (oder Verbindung aufzunehmen), ist eine andere Sache. Theoretisch gibt es folgende Möglichkeiten:

– Sie reisen nur für kurze Zeit gemeinsam. Ausgangspunkt und Zielort sind verschieden.
– Sie reisen nur für kurze Zeit gemeinsam, wohnen aber in derselben Stadt.
– »Sie« wohnt in einer Stadt, in der Sie, auch wenn Sie dort nicht wohnen, beruflich oft zu tun haben.

Sollte ersteres der Fall sein, können Sie die Dame höchstwahrscheinlich ganz schnell wieder vergessen. Denn selbst wenn Sie ihre Visitenkarten tauschen, wird sie sich in ein paar Monaten, wenn Sie zufällig in Köln zu tun haben, wohl kaum an Sie erinnern. Und die Chance, daß sie just an dem Abend, den Sie mit ihr verbringen können, nichts anderes (wenngleich nicht unbedingt Besseres) vorhat, ist nur minimal.

Wenn Sie jedoch nicht schnurstracks aneinander vorbeireisen, können Sie auch unterwegs eine Frau aufreißen, die Ihnen, solange Sie beide Gefallen aneinander finden, erhalten bleibt. Mitreisende in ein Gespräch zu verwickeln ist das geringste Problem. (Außer Ihr Gegenüber ist verbissen in den neuesten Ludlum vertieft. Aber das hat dann weniger damit zu tun, daß Sie nicht interessant genug sind, als vielmehr damit, daß er für so verdammt viel Spannung sorgt.) Was Sie in jedem Transportmittel tun können, ist, sich als Gentleman zu erkennen zu geben.

- Sie hieven, ohne daß Sie einer Extra-Einladung bedürfen, den schweren Koffer auf die Ablage. (Das tun Sie hoffentlich auch dann, wenn die Dame älteren Semesters ist und Sie absolut nicht weiter interessiert!)
- Sie bieten ihr, auch wenn Sie eine Platzkarte haben, Ihren Fensterplatz an.
- Falls Sie im Raucherabteil sitzen, pusten Sie ihr nicht Ihren gesamten Zigarettenrauch ins Gesicht. Sie könnte das, selbst wenn sie selbst raucht, als äußerst unangenehm empfinden.

Auf Reisen müssen Ihnen auch nicht gleich die originellsten Sprüche der Welt einfallen, wenn Sie mit einer Frau anbandeln wollen. Abgedroschene Sprüche sind hier oft gar nicht mal so fehl am Platz: zumindest sind sie der Umgebung angepaßt. Und das hat schließlich auch seinen Vorteil.

FÜR DIE BAHN

- Im 1.-Klasse-Abteil (da sind Sie meistens mit ihr allein): »Hätten Sie Lust, das Abteil gegen den Speisewagen Touristenklasse zu tauschen?«
- Im 1.-Klasse-Abteil: »Müssen Sie den *Spiegel* (die Börsenberichte, *Kapital*) unbedingt jetzt in diesem Augenblick lesen oder können Sie das verschieben? Ich würde mich ganz gerne ein bißchen mit Ihnen unterhalten.«
- In allen Abteilen: »Ich gehe jetzt einen Kaffee trinken. Möchten Sie mitkommen?« (Wenn sie »nein« sagt, können Sie einen zweiten Anlauf nehmen und ihr anbieten, ihr einen Kaffee oder Tee oder sonstwas mitzubringen.)
- Sie können ihr eine Zigarette anbieten (das gilt natürlich nur, wenn Sie im Raucherabteil sitzen!).
- Sie können sie fragen, ob sie gern ein paar gebrannte Mandeln hätte – den Duft der Dinger kann kaum eine Frau ertragen, ohne daß ihr das Wasser im Mund zusammenläuft ...
- Sie können die uralte, aber immer wieder effektive »Ich-les-Ihnen-aus-der-Hand-Nummer« bringen. Auch wenn Sie die Lebenslinie nicht von der Kopflinie unterscheiden können. So genau müssen Sie sich ja nicht festlegen. Nachdem Sie ihr ein paar freundliche Allgemeinheiten erzählt haben, »sehen« Sie dann selbstverständlich auch, daß sie in diesen Tagen mit Ihnen essen oder ins Theater geht ...
- Wenn Sie ganz viel Zeit haben, können Sie ihr auch, falls sie eher aussteigt als Sie, den schweren Koffer zum Taxi schleppen – und eine halbe Stunde später

mit dem nächsten Zug weiterfahren. (Sie tragen den Koffer natürlich nicht direkt zum Taxi, sondern laden sie auf einen Drink ein. Jetzt haben Sie ja Zeit – und sie hoffentlich auch. Diese Methode ist besonders zu empfehlen, wenn theoretisch die Möglichkeit besteht, daß Sie sich demnächst irgendwo wieder treffen. Sonst wäre diese Art von Aufwand zugegebenermaßen ein wenig hoch!)

– Wenn Sie ein gemeinsames Reiseziel haben, verhalten Sie sich wie oben – nur haben Sie dann nicht die halbe Stunde oder Stunde Verspätung, um dahin zu gelangen, wo Sie hinwollen. (Die Zeit, die Sie mit ihr beim Kaffeetrinken verbringen, zählt nicht als direkte Verspätung!)

– Falls Sie mit ihr allein im Abteil sind und die Fensterscheiben schmutzig sind (sind sie meistens!), können Sie auch ein Herz mit Pfeil und Ihren Initialen darauf malen. Dann müssen Sie sie nur noch fragen, wie »sie« heißt, um Ihr Meisterwerk vervollständigen zu können ...

FÜR DAS FLUGZEUG

– Sollten die Plätze nicht durchnumeriert und das Flugzeug relativ leer sein, können Sie sich einfach neben sie setzen und ihr sagen, daß Sie sie kennenlernen möchten.

– Das gleiche gilt, wenn Sie einen festen (Ihnen zugewiesenen) Sitzplatz haben und der Platz neben ihr noch frei ist.

– Sollte »sie« bereits zwischen anderen Leuten (zu denen sie offensichtlich nicht »gehört«) sitzen, fragen Sie einen ihrer Nachbarn höflich, ob er mit Ihnen

Platz tauscht. Wenn das Bodenpersonal es schon versäumt hat, Amor zu spielen, müssen Sie die Sache eben selbst in die Hand nehmen.

- Sollte die Frau, auf die Sie es abgesehen haben, zum Flugpersonal gehören, richten Sie es am besten so ein, daß sie gar nicht anders kann, als Ihnen den Kaffee über den Anzug zu kippen. Dann können Sie ihr mitteilen, daß sie das, wenn sie mit Ihnen heute abend essengeht, wieder wettmachen kann ... (Und dann können Sie nur hoffen, daß die Crew auch da übernachtet, wo Sie aussteigen.)
- Sie können der Frau neben Ihnen – falls sie es ist, auf die Sie es abgesehen haben – auch vorschlagen, das lausige Flugzeugessen stehen zu lassen, und statt dessen mit Ihnen nach der Landung zu dinieren. (Wenn es sich um eine Kurzstrecke handelt. Von Frankfurt nach Los Angeles wird sie es kaum ohne einen Happen zu essen aushalten.)
- Sie können, gleichgültig ob es sich um Stewardeß oder Passagier handelt, die Dame auch fragen, ob sie mal kurz Ihre Hand hält. Weil Sie Angst vorm Fliegen haben. Wenn Sie dann meinen, daß sich das auch gut für »sie« anfühlt, können Sie die Mogelei eingestehen. Falls Sie merken, daß »sie« nicht allzuviel davon hat, Ihre Hand zu halten, können Sie die Frau für sich sowieso vergessen ...

FÜR DIE SCHIFFSREISE

- Sie können ihr, gleichgültig ob's die Queen Mary oder die Fähre von Dover nach Calais ist, sagen, daß sie sich um Himmels willen nie zu weit von Ihnen entfernen soll. Und zwar deshalb nicht, damit Sie sie, falls der Kahn umkippt, finden und retten können. (Das erfordert allerdings, daß Sie schwimmen können! Unberufen, toi-toi-toi – aber man weiß ja nie!)

– Sie können ihr sagen, daß Sie gerade drauf und dran sind, im Duty-Free-Shop Schlange zu stehen – und ob Sie ihr etwas mitbringen können, damit sie sich die Anstreherei erspart.

– Wenn sie Sie absolut nicht beachtet, können Sie so tun, als wenn Sie über Bord springen wollten. Wenn sie um Hilfe ruft, tut sie nur ihre Bürgerpflicht und hat offensichtlich kein größeres persönliches Interesse an Ihnen. Wenn sie selbst zur Rettung eilt, können Sie ihr dafür ausführlich danken – und wenn sie wegschaut, sehen Sie sich am besten danach um, ob noch eine andere Frau an Bord ist, die Sie akzeptabel fänden. Nur springen Sie bloß nicht tatsächlich! Das Risiko, in die Schiffsschrauben zu geraten, steht in keinem Verhältnis zu dem Tagtraum, von ihr mit der Mund-zu-Mund-Methode wiederbelebt zu werden.

– Sagen Sie ihr schlicht und ergreifend, daß Sie Georg Ypsilon (oder wie auch immer) heißen und daß Sie ihr gerne als Unterhalter zur Verfügung stehen, sollte sie sich auf der Fähre, der Kreuzfahrt, langweilen.

– Schnappen Sie sie sich einfach und sagen Sie ihr, daß Sie den Sonnenuntergang, der da gerade vonstatten geht, viel zu schön finden, als daß Sie ihn alleine beobachten wollten ...

Der Urlaubsflirt – Am Strand

»Wenn jemand eine Reise tut,
So kann er was erzählen.«
CLAUDIUS

Urlaub! Sommer, Sonne, Palmen, Strand – was kann
schöner sein, als sich an einem paradiesischen Fleckchen
Erde vom Alltag zu regenerieren. Und was kann depri-
mierender sein, als niemanden zu haben, der die male-
rischen Sonnenauf- und -untergänge mit einem teilt.
Dann fallen sie einem nämlich erst richtig auf: die vielen
Pärchen, die verliebt aneinandergeschmiegt den Sunset
Boulevard entlangschlendern, in gemütlichen kleinen
Restaurants über dem Tisch Händchen halten und unter'm Tisch füßeln, vergnügt am Strand umhertollen
und Fangen spielen – und prompt kommt man sich so
richtig allein und einsam vor. Es gibt natürlich auch
Menschen, die wenigstens im Urlaub mal endlich ihre
Ruhe haben wollen (so wie mein lieber Agent Jürgen –
der sitzt an seiner Staffelei und malt!) – aber wenn Sie zu
denjenigen gehören, die sich zumindest in der Urlaubs-
zeit nach Zweisamkeit sehnen, so erfahren Sie in diesem Kapitel, wie Sie es anstellen können. Zunächst einmal können Sie einem Urlaub alleine vorbeugen:

– Dazu geben Sie entweder ein Inserat auf
– oder beantworten eines.

In beiden Fällen ist es ratsam, daß Sie sich *vor* dem Urlaub mit der Dame treffen. Man weiß schließlich nie, wer hinter einem noch so ansprechend formulierten Inserat steckt. (Näheres darüber, wie Sie sich bei der ersten Begegnung verhalten, finden Sie unter »Blind Dates«.)

– Sie machen sich auf die Beine und begeben sich ganz schnell auf die Pirsch. Wo und wie Sie das tun, ist in diesem Buch wohl ausführlich genug beschrieben.

Diese Sache hat nur einen Haken: Unter Zeitdruck findet man selten das, was man sucht. Ausgerechnet die, die Ihnen gefällt, hat ihren diesjährigen Urlaub schon hinter sich! Das hindert Sie zwar nicht daran, gemeinsam den Urlaub für's kommende Jahr zu planen – aber in diesem Sommer möchten Sie auch nicht allein am Strand liegen. Und wenn Sie nicht gerade das Glück haben, im Flugzeug einer attraktiven Frau mit gleichem Reiseziel zu begegnen, müssen Sie sich an Ort und Stelle nach einem Urlaubsflirt umsehen. Wie Sie sich in Restaurants und Hotelbars erfolgreich umtun können, ist in separaten Kapiteln beschrieben. Jetzt kommt es nur noch darauf an, ob die Frau Ihrer Wahl Einheimische oder Touristin ist – und ob Sie dieselbe Sprache sprechen oder nicht. Beides hat, wie Sie gleich sehen werden, seine Vor- und Nachteile.

– Sie können sich verbal so gut wie gar nicht verständigen:
  Vorteil: Sie können sich nie streiten.
  Nachteil: Sie können in den Pausen nicht miteinander reden.
– Sie sprechen dieselbe Sprache:
  Vorteil: Sie können sich miteinander unterhalten.

Nachteil: Sie müssen mit ihr reden, obwohl Sie im Urlaub mal gerne ohne Zwang auskommen würden.

Wenn Sie, wie die meisten (nicht nur) Deutschen, an irgendeinem Meer oder sonstigem Gewässer Urlaub machen, ist Ihr ergiebigstes Jagdrevier natürlich der Strand. Die Sprüche und Taten, die Ihnen hier weiterhelfen, sind unzählig. Hier sind einige davon:

Am Strand

- Ein schier unerläßliches Requisit ist der Wasserball. Den werfen oder rollen Sie der Frau, die Sie kennenlernen wollen, entgegen.
  * Unternimmt sie gar nichts, gehen Sie zu ihr, holen sich den Ball wieder und suchen sich ein aktiveres Objekt.
  * Wirft »sie« den Ball zu Ihnen zurück, halten Sie das für eine Aufforderung, weiterzuspielen. Und genau das tun Sie. Nach zwei, drei Würfen können Sie ihr dann vorschlagen, gemeinsam etwas anderes zu unternehmen. (Dieses neckische Ballspiel eignet sich vorzüglich dafür, Frauen aufzureißen, deren Sprache Sie nicht sprechen. Daß Sie mit ihr letztlich anderes vorhaben, erklären Sie ihr in Zeichensprache – so wie Eis essen, etwas trinken, schwimmen gehen, undsoweiter!)
- Frisbies erfüllen denselben Zweck.
- Sollte »sie« eingeschlafen sein oder schon längere Zeit wie tot in der prallen Sonne liegen, können Sie sie sanft wecken und ihr mitteilen, daß Sie sie davor bewahren wollen, sich einen Sonnenbrand zu holen.
- Falls sie schon einen Sonnenbrand hat (weil Sie zu spät aufgetaucht sind!), können Sie ihr das Tomaten-

rezept verraten. Eine zerquetschte Tomate kühlt den Sonnenbrand am besten (ich spreche aus Erfahrung) – und Sie haben selbstverständlich eine dabei. (Medizinische Cremes täten es zwar auch, aber da würde sie nur »danke« sagen. So haben Sie gleich ein Gesprächsthema – das Hausrezept.)

- Als Mann von Welt haben Sie eine Kühlbox bei sich und sind somit in der Lage, ihr verschiedene Drinks (keine allzu alkoholischen, die hauen in der Hitze nur um) und vielleicht auch Eiscreme offerieren zu können.
- Sie dürfen ihr sagen, daß sie die Frau ist, mit der Sie sich vorstellen könnten, ins Wasser zu gehen (nur um zu schwimmen natürlich!).
- Sie können sich bemühen, am Strand eine besonders schöne Muschel oder einen Seestern zu finden, und ihn ihr präsentieren. Als Souvenier. Entweder nur so oder als Andenken an den Beginn Ihrer Romanze.
- Sie können ihr sagen, daß sie angezogen sicherlich genauso attraktiv ist wie im Badeanzug (Bikini) und daß Sie sich freuen würden, wenn sie mit Ihnen essen ginge.
- An einem Kieselstrand können Sie den Gentleman spielen und sie dahin tragen, wo sie gern hin möchte. (Sie trägt selbstverständlich keine Sandalen, und Sie können es nicht mitansehen, wie sie ihre hübschen, zarten Füßchen ruiniert.)
- Wenn Sie ganz viel Glück haben, erwischen Sie die Frau, die Sie anmachen wollen, nachdem sie in Teer getreten ist. Sie helfen ihr natürlich sofort, ihn gründlich wieder abzuwaschen.
- Sie können auch ein paar Kinder (zwischen acht und zwölf Jahren – sie sind keine Konkurrenz und für alle

Streiche zu haben) bestechen (mit einem Eis) und folgende Situation arrangieren:

* Die Gören mopsen »ihr« Handtuch, ziehen es einmal durch's Wasser – und geben es ihr klatschnaß wieder. Folgt Ihr großer Auftritt: Sie bieten ihr Ihr trockenes (und sauberes!) Handtuch an.
* Die Frechdachse schnappen sich »ihre« Kleider. Sie holen sie wieder zurück.
* Die Bengel kippen ihr Honig (oder sonst eine klebrige Substanz) auf den Rücken – und Sie helfen ihr, das Zeug wieder runterzukriegen.

– Sie laufen ein paarmal vor ihr auf und ab. Wenn sie Sie nicht von selber fragt, was das soll, können Sie ja irgendwann sagen: »Wenn Sie mich bis jetzt noch nicht bemerkt haben, können Sie mir vielleicht einen Tip geben, was ich tun muß, damit Sie mich sehen?«

– Sie können sich, vorausgesetzt, sie schmort schon seit Ewigkeiten in der Sonne, auch mit aufgespanntem Sonnenschirm neben sie stellen – und gar nichts sagen. Bis sie aufwacht und Sie fragt, was Sie da tun. Das sagen Sie ihr dann – nämlich: »Ihre Haut retten.« Vor einem Sonnenbrand, wie gehabt.

– Sie können sich auch, wenn sie gerade im Wasser herumtollt, ganz frech auf ihre Decke setzen. Wenn sie dann wiederkommt und wissen will, was das soll, dann sagen Sie ihr, daß Sie nur auf ihre Sachen aufpassen wollten, oder vielmehr, es getan haben ...

– Sie können sie nach der Uhrzeit fragen und dann feststellen, daß es höchste Zeit ist, ihr zu sagen, daß sie heute abend von Ihnen zum Essen eingeladen ist. Schließlich muß sie sich seelisch darauf einstellen und die An- und Umzieherei für heute abend einplanen.

– Sie können sie ganz einfach fragen, ob Sie sich setzen

dürfen. Ihnen tun nämlich die Füße weh – weil Sie den gesamten Strand abgeklappert haben, um »sie« endlich zu finden.

– Sie können sie zu einer Bootsfahrt einladen.
– Sie können ihr sagen, daß Sie sich, wenn Sie 80 sind und im Schaukelstuhl sitzen, gern daran erinnern würden, wie Sie mit ihr einen Sommertag (oder auch mehrere) verbracht haben. Wenn Sie diesen Spruch charmant bringen, wird sie Ihnen sicherlich gerne zu einer netten Erinnerung verhelfen ...
– Selbst am FKK-Strand gibt es noch eine Möglichkeit, elegant anzubandeln. Meiner Freundin Michaela passierte folgendes: Als sie, nur mit einer Sonnenbrille bekleidet, in die Fluten steigen wollte, hörte sie eine charmante Stimme sagen: »Darf ich Ihre Sonnenbrille halten, während Sie schwimmen gehen?«

Wie Sie sehen, ist es ein leichtes, im Urlaub anzubandeln. Der Sommer ist gerettet. Die einzige Panne, die Ihnen passieren kann, ist, daß Sie sich Hals über Kopf in Ihren Urlaubsflirt verlieben. Und die Frau sich in Sie. Im Prinzip wäre das ja ganz in Ordnung – dumm ist nur, daß Sie hunderte, wenn nicht tausende von Kilometern voneinander entfernt leben. Was dann?

Long Distance Love

Da haben wir den Salat. Sie haben sich weder verlieben wollen noch sollen – aber gegen Gefühle sind selbst Männer manchmal machtlos. Hier also gleich der Trost, falls Sie jemals einen brauchen:

– Auch wenn Sie's heute nicht für möglich halten, spätestens übermorgen verlaufen sich Ihre Gefühle für die Urlaubsliebe im Sand. Vor allem dann, wenn Sie wegen der großen Entfernung für längere Zeit keine Möglichkeit haben, sich wiederzusehen.

- Im Urlaub lernen Sie sich beide nur von der Schokoladenseite kennen. Ich weiß, Sie mögen keine Klischees, aber so ist es nun mal: Menschen, die man auf einer Südseeinsel kennenlernt, sehen plötzlich ganz anders aus, wenn man sie in Dortmund wiedertrifft.
- Wenn es Sie wirklich und wahrhaftig unheilbar erwischt hat, können Sie den nächsten Urlaub, den Sie beide machen können, miteinander planen.

Was Sie allerdings auf gar keinen Fall tun dürfen, ist:

- »Sie« dazu überreden, ihren Job hinzuwerfen und zu Ihnen zu ziehen. Sie kennen sie schließlich nur in Urlaubsstimmung – also gar nicht.
- Ihren Job aufgeben und zu ihr zu ziehen. Wenn sie einigermaßen vernünftig ist, wird sie das allerdings sowieso nicht zulassen – und wenn sie es zuläßt, finden Sie – nur leider zu spät – garantiert irgendwo an der Sache einen Haken.
- Ihre Telefonkosten so in die Höhe treiben, daß Sie dafür einen Kredit aufnehmen müssen. Liebesgesäusel am Telefon ist oft kostspieliger als ein Charter-Flug Frankfurt–Los Angeles. Dann besuchen Sie sie lieber gleich – davon haben Sie dann beide mehr.
- »Sie« jeden Tag vom Büro aus in Miami anrufen. Wenn es bei uns Tag ist, ist es dort nämlich Nacht. Und irgendwann muß sie ja mal durchschlafen.

Der Luxus nebenbei

»... in jeder Stadt 'ne Braut –!
Die eine für die Seele,
die zweite für's Gemüt;
die dritte wegen Hoppeldibopp –
auf Nacht, wenns keiner sieht!«

KURT TUCHOLSKY

merke:

»Lügen haben kurze Beine.«

DEUTSCHES SPRICHWORT

Dieses Kapitel geht alle Ehemänner an, denen dieses Buch in die Hände gefallen ist. Sollten Sie auf die Idee kommen, einige der Tips »nur so zum Spaß« (wozu sonst?) ausprobieren zu wollen, tun Sie uns Frauen nur einen ganz ganz großen Gefallen:

– Lügen Sie uns, was Ihren Familienstand betrifft, bitte nicht an.

Denn:

– Erstens gibt es eine Unzahl von Frauen, die sich geradezu auf Ehemänner als Geliebte spezialisiert haben. Bei einem Ehemann sind sie wenigstens sicher, ihn nicht vierundzwanzig Stunden rund um die Uhr am Hals zu haben, sich nicht mit seinen seelischen und körperlichen Wehwehchen beschäftigen zu müssen, kurzum: nur in den Genuß seiner Sonnenseite zu kommen.

- Zweitens kann es Ihnen passieren, daß Sie die Frau, die Sie als one-night stand eingeplant hatten, wider Erwarten doch noch öfter treffen möchten. Wenn Sie sie angelogen haben, werden Sie bald eine Menge Schwierigkeiten haben. Wie wollen Sie ihr bitte erklären, daß Sie jede Nacht irgendwann nach Hause müssen, daß Sie sie nie mit zu sich nehmen, daß Ihre Wochenenden immer voll ausgebucht sind?
- Drittens sind Frauen durchaus in der Lage, mit der Situation, einen verheirateten Mann zu lieben, fertigzuwerden. Solange sie sich darauf einstellen können. Wenn Sie eine Frau nur deshalb herumkriegen, weil Sie ihr lang und breit erzählen, wie ledig Sie seien, ist das ganz schön traurig. Und zu der mickerigen Sorte Mann zählen Sie, so hoffe ich doch, nicht.
- Viertens gibt es gewiß auch Frauen, die (zumeist nach bitterer Erfahrung) grundsätzlich ihre Hände von Ehemännern lassen. Aber auch diese Einstellung sollten Sie respektieren. Die Lüge flöge sowieso eines Tages auf – und Sie stünden ganz schön dumm da. Denn dann sind Sie nicht nur eine Geliebte los, sondern haben auch die Chance verpaßt, in ihr eine (platonische) Freundin zu finden.

Wie gut oder schlecht Ihre Ehe läuft, interessiert uns, zumindest vorerst, auch nicht. Ersparen Sie uns also Lobreden oder Schimpftiraden auf Ihre liebe Gattin. Daß letztlich nicht alles in Butter sein kann, können wir uns denken. Sonst wären Sie nicht bei uns gelandet. Und sagen Sie bloß nicht: »Ich brauch halt Abwechslung.« Denn wenn es Ihnen wirklich nur darum und nicht auch ein bißchen um uns selbst geht, sollten Sie sich mit one-night stands begnügen und keine Affaire mit uns anfangen.

Wo? Beim Sport

»Fragen Sie mich nicht nach dem Spielstand
– ich bin ja nicht einmal sicher, welches Spiel
wir spielen.«

ASHLEIGH BRILLIANT

Wenn Ihnen der Sinn nach sportlichen Frauen steht, können Sie die Ihre natürlich bei jeder Art von sportlicher Betätigung kennenlernen:

- auf dem Tennisplatz,
- im Squash Club,
- im Reitclub,
- beim Skikurs,
- im Fußballstadion,
- beim Schlittschuhlaufen,
- beim Tauchkursus,
- beim Schwimmen,
- auf dem Golfplatz,
- kurzum: bei jeder Art von Sport.

Was Sie, wenn Sie selbst aktiv an welchem Sport auch immer teilnehmen – und sich bei Ihrer Suche nicht auf die Frauen, die bei Kaffee und Kuchen im Clubhaus sitzen, beschränken –, tun können, sind zwei Dinge:

- Sie glänzen mit Ihren Leistungen,
- Sie genieren sich nicht, zu zeigen, daß Sie auf dem Gebiet ein blutiger Anfänger sind.

Nur eines dürfen Sie nicht:

– so tun, als seien Sie der Größte, Beste, Unschlagbare,
  wenn Sie in Wirklichkeit nur mittelmäßig sind. »Sie«
  könnte Sie nämlich herausfordern und Sie in Grund
  und Boden spielen.

Damit wir uns nicht mißverstehen: Es ist keine Schande
für einen Mann, sich beim Sport von einer Frau schlagen zu lassen – wenn er nicht vorher damit geprahlt hat,
heimlicher Weltmeister zu sein.

Eine Frau auf dem Tennisplatz, beim Squash oder
sonst einer Sportart aufzureißen, ist mit das geringste
Problem. Allein dadurch, daß Sie derselben Freizeitbe-
schäftigung nachgehen, haben Sie schon einmal eine
Gemeinsamkeit, können Sie etwas miteinander unternehmen. Wie Sie sie ansprechen, ergibt sich in den meisten Fällen von alleine. Auf jeden Fall können Sie den ersten Kontakt allein dadurch herstellen, daß Sie sie um
ein Spiel (oder mit Ihnen auszureiten, eine Skitour zu
machen) bitten.

– Sollten Sie der geübtere Partner sein, können Sie ihr
  anbieten, ihr beim Training zu helfen.
– Wenn sie der Profi ist, wird sie gewiß nichts dagegen
  haben, Ihnen auf die Sprünge zu helfen – sofern sie
  Sie mag.
– Sind Sie beide gleich gut (oder mittelmäßig), können
  Sie sofort, ohne daß Sie erst Kompromisse schließen
  müssen, mit- und gegeneinander antreten.

Der rechte Spruch zur rechten Zeit ergibt sich dann,
wie gesagt, von alleine. Und daß Sie sie nach Spielschluß
zu einem Erfrischungsdrink einladen, bevor Sie sie zu
anderen Spielchen bewegen wollen, ist ebenfalls klar,
ohne daß ich Ihnen das lange erzählen muß.

Wo? Bei Regen und bei Sonnenschein – im Park

»Mein schönes Fräulein, darf ich wagen,
Meinen Arm und Geleit ihr anzutragen?«

GOETHE

Wenn Sie es geschickt anstellen, dürfen Sie das sicher. Denn wer geht schon gern an einem strahlenden Sommertag allein spazieren? Oder wer könnte nicht einen Mann brauchen, der einen beschirmt, wenn es plötzlich zu regnen beginnt? Mag natürlich sein, daß sie den Regen liebt und im Regen spazierengeht, um über irgend etwas besser nachdenken zu können – aber Ihre Chancen, daß dem nicht so ist, stehen eigentlich ganz günstig ...

Bei Sonnenschein

werden Sie ihr höchstwahrscheinlich in einem Park begegnen, wenn Sie sie an keinem der anderen Orte, die Sie in diesem Buch beschrieben finden, gesichtet haben. Hier sind Ihre Möglichkeiten fast unbegrenzt.

– Wenn's brütend heiß ist, können Sie beim Eismann gleich zwei Eis kaufen und ihr eins in die Hand drücken. »Ich hab mir gedacht, Sie können auch eine kleine Erfrischung brauchen ...«

- Sie können mit kessem Lächeln auf sie zuspazieren und sagen: »Genau das, was in diesem Moment passiert, hab' ich heute (vergangene) Nacht geträumt...«
- Sie können sie fragen, ob sie Lust dazu hat, mit Ihnen die Schwäne zu füttern. (Die gibt's in fast jedem Park Sie dürfen nur nicht vergessen, altes Brot einzustecken, damit Sie etwas zu verfüttern haben!)
- Sie können ihr vorschlagen, mit Ihnen gemeinsam das nächste Kaffeehaus aufzusuchen – und dort einen Eistee zu trinken.
- Sie können schnell ein paar Gänseblümchen pflücken und sie ihr überreichen ...
- Sie können sie fragen, ob sie eine Zigarette für Sie hat – die Sie dann *nicht* rauchen. Wenn sie Sie erstaunt anschaut, geben Sie zu, daß es nur ein Trick war, um mit ihr ins Gespräch zu kommen.
- Sie können ihr anbieten, sie unter Ihren Sonnenschirm zu nehmen ...

Bei Regenwetter

Nicht nur, wo Sie sie treffen, sondern auch, ob Sie im entscheidenden Moment einen Schirm dabei haben, ist hier von äußerster Wichtigkeit. Nicht, um »sie« kennenzulernen, sondern um Ihre Taktik danach zu richten. Wie lange es schon geregnet hat – und wie heftig – kann für Ihre Masche, wie Sie gleich sehen werden, auch von Bedeutung sein.

- Sollte es schon eine Zeitlang in Strömen gegossen haben, waten Sie hinter ihr her, bis sie vor der nächsten dicken Pfütze steht. Da heben Sie sie dann ganz einfach drüber. (Die wenigsten Frauen tragen »vernünftiges« Schuhwerk, die anderen sind Ihnen gewiß für diese gute Tat dankbar.)

- Wenn Sie einen Schirm bei sich tragen und sie nicht, ist die Sache kinderleicht. Sie bieten ihr dann selbstverständlich an, mit unter Ihren Schirm zu kommen.
- Wenn Sie keinen Schirm dabeihaben – und sie auch nicht, halten Sie ein Taxi an (sofern Sie bei dem Mistwetter ein freies finden). Da schubsen Sie sie dann hinein, fragen, wohin sie will – und setzen sie dort brav ab. Als Gentleman fahren Sie dann weiter, wohin Sie wollten – auch wenn Sie nirgendwohin wollten. Bevor Sie sie abgesetzt haben, dürften Sie genügend Gelegenheit gehabt haben, Telefonnummern auszutauschen ...
- Sie können ihr auch, in Ermangelung eines Schirms, Ihre Jacke als Kopfschutz anbieten ...
- Sie können ihr auch, falls Sie unter Zeitdruck stehen und einen Schirm besitzen, denselben (mitsamt Ihrer Visitenkarte) in die Hand drücken. »Wenn sie ihn nicht mehr brauchen, können sie ihn mir ja wiedergeben ...«
- Falls »sie« einen Schirm hat und Sie nicht, dürfen Sie sie natürlich fragen, ob Sie mit unter den ihren dürfen ...

Nachbarliebe

»Warum in die Ferne schweifen?
Sieh, die Gute liegt so nah!«

(FAST) GOETHE

Affairen mit Nachbarinnen sind beides:

- herrlich praktisch, solange sie auf vollen Touren laufen,
- schrecklich unbequem, wenn einer vom anderen nichts mehr wissen will.

Praktisch sind sie deshalb, weil der andere in greifbarer Nähe ist, aber jeder seine eigene Wohnungstür hat, die er hinter sich zumachen kann. Alleine. Unbequem sind sie im nachhinein, weil Sie es, wenn nicht einer von Ihnen die Wohnung wechselt, wohl kaum verhindern können, sich immer wieder über den Weg zu laufen. Das oberste Gebot, das es also für Affairen mit Nachbarinnen zu beachten gilt, heißt:

- Ziehen Sie die ganze Angelegenheit von vornherein so auf, daß Sie eines Tages nicht wie Hund und Katze zueinander stehen. Sonst ist es, je nachdem, wer wem ade gesagt hat, eine Zeitlang um ihren oder Ihren Seelenfrieden geschehen: Wenn sie Sie mit einer neuen Freundin Arm in Arm spazierengehen sieht oder Sie mit ansehen müssen, wie sie einen anderen an ihrer Wohnungstür umarmt.

Bevor Sie also eine Nachbarin aufreißen, müssen Sie sich das Für und Wider gut überlegen. Das Aufreißen selbst ist in diesem Fall das geringste Problem. Allein aus der Situation ergeben sich unzählige Möglichkeiten, mit der Frau, die Ihnen gefällt, völlig »legal« Kontakt aufzunehmen.

- Sie können sie zu einer Party einladen. »Es wird höchstwahrscheinlich ein bißchen laut, und wenn Sie dann sowieso nicht schlafen können, habe ich mir gedacht, Sie würden vielleicht ganz gern mitfeiern – dann stört Sie der Lärm nicht.«
- Falls »sie« einen Hund hat, können Sie ihr anbieten, Schnuffi dann und wann Gassi zu führen. Entweder, weil Sie selbst keinen haben, aber Hunde so gern mögen, oder weil es Ihrem Doggy Spaß machen würde, dann und wann Gesellschaft zu haben.
- Sie können sie fragen, ob Sie mal bei ihr telefonieren dürfen. Mit der Störungsstelle, versteht sich, denn mit Ihrem Telefon stimmt etwas nicht.
- Sie können sie ganz einfach mal zum Mittagessen einladen, weil Sie mal wieder so viel Spaghetti gekocht haben, daß es schade wäre, wenn sie nicht mitessen würde. Dabei können Sie durchblicken lassen, wie schwierig es ist, für eine Person zu kochen ...
- Sie können sie auch, vorausgesetzt, Sie sind gerade neu eingezogen, danach fragen, wo Sie in dieser Ecke am besten Gemüse, Fleisch, sonstwas kaufen, wo die nächste Reinigung ist und ob es ein nettes Weinlokal in der Nähe gibt. Da führen Sie sie dann natürlich hin.
- Wenn »sie« gerade erst eingezogen ist, können Sie ihr anbieten, ihr alles Wissenswerte über die Nachbar-

schaft (die Läden, nicht den Klatsch!) zu erzählen. Und natürlich auch über Sie selbst.

– Sie können sie fragen, ob Sie bei ihr dieses oder jenes Fernsehprogramm ansehen können. Ihr TV-Gerät hat nämlich gerade seinen Geist aufgegeben, und es ist schrecklich wichtig, daß Sie dieses Programm sehen. (Es ist selbstverständlich keine Zeit mehr, zu einem Freund zu fahren – die Sendung fängt jede Sekunde an. Außerdem haben Sie vorher ausgecheckt, daß sie an diesem Abend allein daheim ist und auch nichts Besseres vorhat als fernzusehen!)

– Sie können sie fragen, ob sie irgendein Buch hat, das sie Ihnen borgen kann. Sie langweilen sich nämlich gerade fast zu Tode – was sonst natürlich so gut wie nie vorkommt – und suchen irgend etwas, womit Sie sich beschäftigen können.

– Und wenn Sie das Glück haben, nicht höher als im vierten Stock auf gleicher Etage mit aneinandergrenzenden Balkons zu wohnen, dann können Sie, vorausgesetzt, Sie sind auch noch ein wenig gelenkig, die Nummer bringen, mit der mein ehemaliger Nachbar Klaus mich aufgerissen hat. Hatte er doch, nachdem er bei mir noch Licht brennen sah, gegen Mitternacht an meiner Tür geklingelt und mir erzählt, er habe seinen Schlüssel vergessen. Ob er wohl über meinen Balkon in seine Wohnung klettern dürfe? Durfte er. Festhalten mußte ich ihn natürlich auch noch, weil er, so schien es, einen Schwips hatte (aber einen lieben!). Na, und dann tauchte er ein paar Minuten später wieder vor meiner Tür auf und lud mich, als Dank für die Rettung, zu einem Gute-Nacht-Drink ein. Dabei stellte sich dann heraus, daß er weder seinen Schlüssel vergessen, noch einen Schwips hatte. Erstere Mogelei war lediglich dem »groben« Anbandeln, zweite dem »ersten Hautkontakt« dienlich gewesen. Von letzterem hatten wir seit diesem Abend dann noch eine ganze Menge mehr ...

- Die Masche, die Jefferey später an mir ausprobiert hat, war auch nicht übel. Er hatte natürlich auch seinen Schlüssel vergessen und borgte sich von mir eine Leiter, um in sein Fenster im zweiten Stock des Nachbarhauses zu steigen. Die Leiter hab ich dann natürlich gehalten, damit er nicht mit ihr umkippen konnte. Kurz darauf warf er *mich* dann um – mit seinem Charme.

- Der Trick mit dem Auto kommt ja schon häufiger vor. Hier fragen Sie einfach Ihre Nachbarin, vorausgesetzt, sie ist motorisiert, ob sie Ihnen helfen kann. Ihre Batterie ist nämlich leer (Sie haben über Nacht das Radio angelassen) – und nun haben Sie zwar ein Verbindungskabel, aber was Ihnen noch fehlt, ist der Strom ...

- Stellen Sie ihr einfach ein paar Blumen vor die Tür. Welche, erfahren sie auf der nächsten Seite ...

Laß Blumen sprechen

»Roses are red.
Violets are blue.
Sugar is sweet
And so are you!«

ENGLISCHER KINDERREIM

oder:

»Wie Rosen blühen,
so blühe dein Glück!
Wenn du Rosen siehst,
denk' an mich zurück!«

POESIEALBUMVERS

Welche Blumen Sie welcher Frau bei welcher Gelegenheit schenken, ist ganz einfach. Rote Rosen bekommt sie, wenn Sie schon eine einigermaßen etablierte Beziehung zu ihr haben. Zum Anbandeln schenken Sie ihr nur eine – das ist eleganter. Ansonsten sind bunte Frühlingssträuße bei Frauen sehr beliebt. Sie zeigen mehr Fantasie (selbst wenn es nicht Ihre, sondern die der Floristin ist) als der Strauß Nelken oder Tulpen. Und Sie laufen nicht Gefahr, einer Frau, die (wie ich) Nelken aus unerfindlichen Gründen nicht mag, gerade diese eine Sorte zu präsentieren.

An dieser Stelle lang und ausführlich auf die sogenannte Blumensprache einzugehen, ist sinnlos. Und zwar aus dem simplen Grund, weil die meisten Frauen sie ebensowenig beherrschen wie Sie – und folglich keine Ahnung hätten, was Sie durch die Blume mitteilen wollen. Ausnahmen, die die Regeln bestätigen, sind jedoch:

- Vergißmeinnicht (Versteht sich von selbst),
- Veilchen (»Ich bin sooooo schüchtern.« – die schenken Sie also lieber nicht!),
- Brennessel (»Es ist vergebens.«),
- Dornenzweig (»Nein!«).

Falls Sie eine Frau erwischen, die der Blumensprache mächtig ist, sollten Sie sich vor folgenden Blumen hüten – es sei denn, daß Sie genau das und nichts anderes damit sagen wollen:

- Jasmin (»Ich schätze dich sehr, aber ich liebe dich nicht.«),
- Heckenrose (»Ich sterbe vor Eifersucht.«),
- Maiglöckchen (»Ich liebe dich schon lange.«),
- Weiße Rosen (»Ich mag nicht.«).

Ach ja, eines noch: Das Geld für teure Orchideen würde ich mir an Ihrer Stelle sparen. Fast alle Frauen die ich kenne, finden Orchideen gar nicht so toll. Bei Monika landen sie sogar im Müll, weil sie sie absolut nicht ausstehen kann!

Naja – und dann können Sie ihr auch noch verwelkte Blumen – vorzugsweise rote Rosen – schicken. Aber das gehört dann schon wieder zum vorletzten Kapitel.

Schwarz auf weiß – Jetzt hat sie's schriftlich

»Papier ist geduldig.«
DEUTSCHE REDEWENDUNG

Es gibt Situationen, da ist man so sprachlos, daß man es vorzieht, per Zettel anzubandeln. Oder per Brief Schluß zu machen. Fragt sich nur, was soll man schreiben? Vielleicht fällt Ihnen ja selber etwas ein. Sonst können Sie sich von den folgenden Beispielen inspirieren lassen ...

Der Anbandel-Zettel

Zunächst einmal ist es wichtig, worauf Sie die Nachricht, die Sie ihr zukommen lassen möchten, schreiben. Am besten eignen sich Visitenkarten. So weiß sie nämlich gleich, wer Sie sind (vorausgesetzt, Sie geben ihr Ihre eigene!), und faßt vermutlich schneller Vertrauen zu Ihnen, als wenn Sie namenlos und anonym bleiben. (Sollten Sie ihr nicht Ihre Geschäfts- oder Privatkarten geben wollen, lassen Sie einfach Karten drucken, auf denen lediglich Ihr Vor- und Zuname steht. Besonders wenn Sie Hans Müller oder Peter Schulz heißen, können Sie damit vorerst inkognito bleiben, weil sie Ihre Adresse bestimmt nicht im Telefonbuch findet.) Anderes Papier, auf das Sie, wenn Sie keinen Notizblock bei sich tragen, schreiben können, sind:

- Papierservietten (wenn Sie sie in einem Restaurant erspähen),
- Strafzettel für's Falschparken (den können Sie ruhig opfern, Sie bekommen eine Mahnung),
- Telegrammformular (wenn sie Ihnen auf einem Postamt über den Weg läuft. Beispiel: »Muß Sie wiedersehen. Stop. Wann und wo? Stop. Erbitte Anruf. Stop. Telefon München 66 66 66. Stop. Name. Stop.«)
- Auf die erste Seite dieses Buchs. (Am besten, Sie kaufen gleich mehrere Exemplare. Text: »Das brauch ich nicht mehr, wenn Sie mit mir Kaffee trinken gehen.«)

Kurzum: Was immer griffbereit ist, eignet sich für eine kurze Botschaft. Was Sie ihr allerdings nie schicken dürfen, ist ein mickriger, ausgefranster Zettel oder ein schmuddeliger Bierdeckel. Wenn es schon letzteres sein muß, achten Sie darauf, daß er unbenutzt und sauber ist. Sprüche, die Sie schreiben können, sind oft situationsbedingt. In einigen Fällen werden Sie ihr den Zettel selbst in die Hand drücken, in anderen lassen Sie ihn ihr überbringen. Hier ist eine kleine Auswahl:

- »Esse ab morgen jeden Tag von 13.00 bis 15.00 Uhr im Bon Appetit, Ixypsilonstraße 7. Würde mich freuen, wenn Sie mir dort Gesellschaft leisten würden, bevor ich die Speisekarte zum dritten Mal rauf und runter gegessen habe.« (Diesen Zettel können Sie an der einen roten Ampel schreiben und ihr an der nächsten übergeben. Oder sonstwo im Vorbeigehen. Wenn Sie ihr auch nur ein bißchen sympathisch waren, wird sie auftauchen. Nach ein paar Tagen. Schon um zu sehen, ob Sie wirklich auf sie warten. Und das tun Sie dann selbstverständlich!)

– »Die Scampi (Escargot, Melone) waren vergiftet. Aber ich weiß ein Gegenmittel . . .« (Können Sie natürlich nur in einem Restaurant bringen.)

– »Ihr persönliches Horoskop für heute, (Datum): ›Im Verlauf des Nachmittags (Abends) werden Sie einen jungen Mann kennenlernen, der Sie zum Kaffee (auf einen Drink) einlädt. Sagen Sie ja, er könnte Ihnen Glück bringen.‹« (Ein paar Minuten später erscheinen Sie dann höchstpersönlich. Für diese Nachricht sind neutrale Zettel (also keine Visitenkarten) am besten geeignet.)

– Sie können ihr auch einen Lottoschein schicken. Auf dem Begleitzettel bitten Sie sie, ihn auszufüllen – Sie haben das Gefühl, sie bringt Ihnen Glück. Am besten legen Sie noch einen zweiten dazu, den sie für sich selbst ausfüllen kann. Sie geben selbstverständlich beide Scheine ab. Wenn Sie daraufhin nicht mit ihr ins Gespräch gekommen sind, können Sie sie eine Woche später anrufen (Namen und Adresse haben Sie ja jetzt) und zum Trost (weil's voraussichtlich kein Sechser war) zum Essen einladen. Sollten Sie eine Million gewonnen haben, fliegen Sie mit ihr natürlich in die Karibik.

– Sie können ihr auch einfach Ihre Visitenkarte zukommen lassen. Text: »Der bin ich. Nun würde ich Sie gerne kennenlernen.« Oder: »Der bin ich. Wer sind sie?«

– »Liebe Nachbarin! Am kommenden Montag beginnt die Woche der nachbarlichen Freundschaft. Würde gerne mit Ihnen einen aktiven Beitrag dazu leisten. Der Champagner steht im Kühlschrank, Uli Hopf,

3. Stock, zweite Tür rechts. Bin jeden Abend ab 19.00 Uhr zu Hause.« (Den legen Sie der Nachbarin in den Briefkasten.)
- »Memo: Unter dem Motto ›Dein Mitarbeiter, das unbekannte Wesen‹ hat die Firma eine Lernt-einander-kennen-Woche angesetzt. Wundern Sie sich also nicht, wenn ich Sie um 12.30 zur Mittagspause abhole und zum Essen einlade.« (Diesen Zettel müssen Sie mit der Maschine schreiben, da wirkt er offizieller!)

Wenn Sie die Dame Ihrer Wahl schon flüchtig kennengelernt haben und nachhaken wollen, sind kleine Briefe oft die beste Möglichkeit. Das gilt vor allem für Frauen, die Sie auf Parties oder Empfängen getroffen haben und deren Adresse sie sich über einen Freund – oder das Telefonbuch – besorgen können. In solchen Fällen können Sie folgende Dinge tun:

- Ihr eine einzelne Rose (keinen Strauß) schicken und ihr schreiben, daß Sie sie gern wiedersehen würden. Einen Tag später rufen Sie sie dann an.
- Sie zu einem Essen einladen. Am besten legen Sie eine Antwortkarte dazu. Da kann sie dann ankreuzen, ob sie gern chinesisch, französisch, italienisch, spanisch oder was immer ißt und ob es ihr Montag, Dienstag, etc. um 12.00 Uhr, 12.30 Uhr, 13.00 Uhr am besten passen würde. (So muß sie Ihnen antworten. Tut sie es nicht, haben Sie nicht viel verloren, weil Sie mit einer Frau, die so wenig Stil hat, sowieso nichts im Sinn haben.)
- Falls Sie es während Ihrer kurzen Unterhaltung mit ihr geschafft haben, etwas über ihre Interessen zu

erfahren, können Sie ihr auch eine Karte für eine bestimmte Theatervorstellung oder ein Konzert schikken. (Lassen Sie ihr aber so viel Zeit, daß sie den Abend noch nicht verplant hat!). Versteht sich von selbst, daß Sie den Platz neben ihr haben.

- Sie können sie auch zu einer Party einladen. Mein Cousin Ossi hat sich da etwas besonders Hübsches einfallen lassen: Nachdem er meine Cousine Andrea beim letzten Familientag kennengelernt hatte, schickte er ihr eine Single. Das Label war schön ordentlich überklebt. Darauf stand: »Vielen Dank für den schönen Abend. Kommst du Freitag zu meiner Party?« (Dann Zeit und Ort.) Das Lied auf der Single sagte dann das, was Ossi nicht geschrieben hatte: »Was ist los mit dir, mein Schatz, ich liebe dich nicht – du liebst mich nicht...« (Honni soit qui mal y pense – Ossi ist mit uns um einige hundert Ecken verwandt!)

- Sie können ihr auch schreiben, daß für den soundsovielen soundsovielten eine klare Sternennacht vorausgesagt ist, und sie einladen, mit Ihnen zusammen die Sterne zu betrachten.

- Falls Sie voraussetzen können, daß sie Ringelnatz kennt, können Sie ihr eine Kachel schicken (muß ja nicht unbedingt eine aus Ihrem Ofen sein!).

- Sie können ihr eine nette Karte mit einem witzigen vorgedruckten Text schicken. In Deutschland müssen Sie da zwar ziemlich lange suchen, bis Sie etwas richtig Originelles finden, aber in Geschenk-Boutiquen könnten Sie Glück haben.

- Sie können ihr auch selbst eine Karte malen. Etwa ein trauriges Strichmännchen (»Bevor ich Sie getroffen habe.«) und daneben ein fröhliches Strichmännchen – Mundwinkel nach oben – (»Nachdem ich Sie kennengelernt habe.«). Ein, zwei Tage später beglücken Sie sie dann mit Ihrem Anruf.

- Sie können ihr ein Kalenderblatt von der kommenden Woche schicken und einen Tag rot ankreuzen. Der Text, den Sie dazuschreiben: »Nicht vergessen! 20.00 Uhr Diner mit Peter. Treffpunkt: Le Bistro, Ixypsilonstraße 6.« (Sollte sie an diesem Abend keine Zeit haben, wird sie Sie gewiß anrufen, und Sie können einen anderen Termin ausmachen.)

- Sie können ihr auch eine Karte schicken, deren »Text« lediglich aus »?« besteht. Und eine Antwortkarte (adressiert und frankiert) beilegen. Sie wird Ihre Frage schon beantworten.

- Was Ihnen auch noch bleibt, ist die Möglichkeit, einen guten Autor für Sie schreiben zu lassen. Sie müssen ihn dazu nicht einmal selbst bemühen, statt dessen kopieren Sie einen seiner Verse. Vergessen Sie dabei nicht, seinen (oder ihren) Namen darunter zu setzen. Sie können ruhig zugeben, daß das Gedicht nicht auf Ihrem Mist gewachsen ist.

Wenn Sie das Anbandeln dann glücklich geschafft haben, heißt es vermutlich irgendwann Abschied nehmen. Wenn Sie es nicht fertigbringen, ihr reinen Wein einzuschenken, bleibt Ihnen außer einer von Brunos miesen Methoden, die Sie unter »Das war's« nachlesen können, der Abschiedsbrief.

Der Abschiedsbrief

Wie man's auch dreht und wendet, erfreulich sind Abschiedsbriefe nie. Auch dann nicht, wenn man schon länger ahnt, daß die Beziehung nicht zu retten ist. Mein

Rat: Schicken Sie Ihren Abschiedsbrief nie alleine auf die Reise. Fügen Sie eine kleine Flasche guten Cognac, ein Fläschchen Champagner (keinen billigen Sekt – wenn schon, denn schon!) oder zwei Valium 10 hinzu. (Sollte sie zu den Frauen gehören, die handgreiflich werden, lassen Sie ihr ein paar billige Teller zusenden. Es beruhigt ungemein, wenn man mit etwas werfen kann!) Da es prinzipiell keine Abschiedsbriefe mit Niveau gibt, können Sie sich am besten auch hier an Brunos orientieren.

ANREDE

- »Liebe Sabine« – wenn Sie einen lockeren Einstieg wollen
- »Sabine« – wenn Sie sie gleich auf den Ernst des Schreibens vorbereiten wollen

TEXTANFANG

- Es fällt mir schwer, Dir diese Zeilen zu schreiben ...«
- »Nach reiflicher Überlegung habe ich mich dazu entschlossen ...«
- »Setz Dich erst einmal hin ...«
- »Sei mir nicht böse ...«
- »Ich weiß nicht, wie ich es Dir sagen soll ...«
- »Es bricht mir selbst das Herz, aber ...«

TEXTMITTE

- »Du bist zu gut für mich ...«
- »Ich bin zu schlecht für Dich ...«
- »Wir passen einfach nicht zueinander ...«
- »Ich habe eine andere Frau kennengelernt ...«
- »Meine Mutter hat Dich noch nie leiden können ...«
- »Ich bin für eine feste Beziehung nicht geeignet ...«

SCHLUSS

- »Laß uns Freunde bleiben ...«
- »Vergiß mich ...«
- »Behalt mich in guter Erinnerung ...«
- »Es war nicht Deine Schuld ...«
- »Verzeih, ich kann nicht anders ...«
- »Ade.«

All diesen Schmu unterschreiben Sie selbstverständlich nur mit Ihrem Namen, nicht mit »Dein« – denn das sind Sie ja nun nicht mehr ...

Das war's – Der Abschied

»Aus jeder Situation gibt es mehrere Aus-
gänge – nur auf verschiedenen Etagen.«

WIESLAW BRUDZIŃSKI

oder:

»Der Beginn ist eine große Kunst, doch grö-
ßer noch ist die Kunst, ein Ende zu finden.«

LONGFELLOW

Ein Buch, das Ihnen sagt, wie man Frauen aufreißt,
wäre unvollständig, wenn es Ihnen nicht zugleich verraten würde, wie Sie die Eroberungen, die Sie nun gemacht haben, auch wieder loswerden. Nicht die Eintagsfliege, die ist ein Kapitel für sich, sondern jene Dame,
die, bedingt durch Dauer oder Intensität Ihrer Beziehung, Hoffnungen hegt, die Sie nicht erfüllen können
oder wollen.

Grundsätzlich haben Sie hier, ebenso wie beim Anbandeln, die Wahl zwischen direkter und indirekter Me-
thodik. Letztere ist oft langwierig und nervenraubend,
wird aber offensichtlich von Männern bevorzugt. Langwierig vor allem deshalb, weil eine Frau, die liebt oder
zumindest zu lieben glaubt, nie auf die Idee käme, daß
sich der Geliebte solch infantiler, feiger Methoden be-
dienen könnte. Folglich wird sie immer neue Entschul-
digungen für sein Verhalten finden, und der Abschied
zieht sich entsprechend in die Länge. Bruno G., ein Mu-

sterexemplar der männlichen Gattung, hat den direkten Abschied perfektioniert und in vier Stadien eingeteilt:

Der indirekte Abschied I

- Lassen Sie einfach nichts mehr von sich hören.
- Gehen Sie zu keiner Tages- und Nachtzeit ans Telefon, wobei Sie für bestimmte Anrufer per Klingelzeichen (dreimal durchläuten, einhängen, neu wählen) erreichbar sein können.
- Legen Sie sich einen Hund zu, dem Sie mehr Zeit widmen als »ihr«.
- Entdecken Sie die Liebe zu einem Hobby, das Ihnen zumindest ein wenig, ihr aber gar keinen Spaß macht, und üben Sie es aktiv aus!

Der indirekte Abschied II

- Verabreden Sie sich mit ihr und tauchen Sie dann verspätet und ungekämmt auf. Verspäten Sie sich immer mehr und halten Sie dann die Verabredungen gar nicht mehr ein.
- Bringen Sie zum Abendessen bei Kerzenlicht einen Freund mit, mit dem Sie sie verkuppeln können.
- Sorgen Sie dafür, daß sie in Ihrer Wohnung ein Glas mit Lippenstiftrand und Zigarettenkippen, die mit Lippenstift beschmiert sind, findet.
- Benutzen Sie Ihr Eau de Toilette wie gehabt, aber tupfen Sie sich zusätzlich einen Tropfen Shalimar, Opium oder ein anderes definitiv weibliches Parfum hinter das Ohr. Auf Ihrem Jacket sollten ein, zwei lange blonde oder rote Haare zu sichten sein.
- Zerwühlen Sie Ihr Bett, bevor sie zu Ihnen kommt und lassen Sie sie eine Haarklammer unter dem Kopfkissen finden.

Der indirekte Abschied III

- Besuchen Sie das Restaurant, das Sie immer mit »ihr«
  aufsuchen, mit einer anderen Frau.
- Lassen Sie Ihr Telefon von einer Frau abnehmen. (Sie
  haucht selbstverständlich ein ominöses »Hallo« in die
  Sprechmuschel.)
- Erzählen Sie ihr, daß Sie eine Woche lang keinen Alkohol trinken und auch nicht mit ihr schlafen dürfen.
- Laden Sie sie zu einer Party ein, und bitten Sie sie, einen Herrn mitzubringen.
- Verraten Sie ihr freudestrahlend, daß Sie Vater werden.
- Wenn Sie Susanne heißt, nennen Sie sie versehentlich Monika.

Der indirekte Abschied IV

- In Amerika gibt es ihn schon, den »Drop-A-Date-
  Service«. Bei uns in Deutschland müssen Sie dem Blu-
  menhändler noch laut und deutlich erklären, daß die
  Blumen – vorzugsweise rote Rosen –, die er ihr ins
  Haus bringt, *verwelkt* sein müssen.
- Schenken Sie Ihr Graham Greenes *Das Ende einer Liebe*,
  und bitten Sie sie, es aufmerksam zu lesen. Die Lektüre hilft ihr dann gleich über die ersten einsamen Stunden hinweg.
- Schicken Sie ihr ihre Liebesbriefe zurück – falls sie
  nicht so schmeichelhaft sind, daß Sie sie gern behalten
  würden, um immer nachlesen zu können, was für ein
  toller Mann Sie sind.
- Schicken Sie ihr einen Brief, in dem Sie lang und um-
  ständlich um das, was Sie sagen wollen, herumreden.
  Wichtig ist nur, daß er mit Worten wie: »Es fällt mir

wirklich schwer, Dir diese Zeilen zu schreiben« anfängt.
– Schenken Sie ihr dieses Buch – am besten ein Exemplar, das Sie vorher eine Woche lang Tag und Nacht bei sich getragen haben, damit es schön abgegriffen aussieht. Versehen Sie dieses Kapitel »Das war's« mit einem Eselsohr.

Soweit die Methoden, die Bruno G., der, Gott bewahre, kein Freund von mir ist, seinesgleichen vorschlägt. Sollten Sie es jedoch irgendwie schaffen, genügend Mut aufzubringen, sich zu einem kurzen und bündigen Abschied durchzuringen, könnte das Ihrem Ruf als Ex-Liebhaber noch ein paar letzte Pluspunkte hinzufügen.

Auch wenn es aus männlicher Sicht vielleicht nicht den Anschein hat, ist Frauen, wie Gespräche unter vier Augen ergeben haben, ein Ende mit Schrecken im Endeffekt lieber als ein Schrecken ohne Ende. Denn wie gesagt, Ihr Verhalten beim direkten Abschied I und II ignorieren wir ganz einfach, wenn wir das, was wir sehen, nicht wahrhaben wollen. Die Methoden III lassen Sie uns in denkbar schlechter Erinnerung, und es wäre schade, wenn der Gedanke an die hübschen Stunden davon getrübt würde. Die Methoden IV kommen dem direkten Abschied schon recht nahe, aber sie sind dennoch nicht ganz befriedigend. Letztlich bringen sie uns um die Möglichkeit, Geschirr nach Ihnen zu werfen – das erleichtert ungemein – oder, was auch dann und wann vorkommen soll, Dame zu bleiben ...

Der direkte Abschied erfordert mehr als ein »gewußt wie«, ein »gewußt wann und wo *nicht*«:

Wann es anfängt aufzuhören, läßt sich in den meisten Fällen kaum nachvollziehen. Tatsache ist, man wacht eines Morgens auf und stellt fest, daß die Liebe – oder die Verliebtheit – aus dem Fenster geflogen ist. Und dann?

Dann kann man plötzlich nicht mehr ertragen,

– wie sie das Frühstücksei aufschlägt,
– wie sie die Kaffeetasse hält,
– daß sie das Bad drei Stunden lang blockiert,
– daß sie im Schlafzimmer raucht,
– daß sie bei geschlossenem Fenster schlafen will,
– daß sie silberhell lacht,
– daß sie mitten in der Nacht zärtlich wird,
– daß sie ganz einfach da ist.

Wenn es irgend möglich ist, ersparen Sie ihr und sich eine Aufzählung dieser Details. Denn auch wenn sie sich ändern würde, würde das doch nichts daran ändern, daß Ihre Gefühle für sie verschwunden sind. Seien Sie also ganz einfach ehrlich, und sagen Sie ihr, was summa summarum übriggeblieben ist: die Gewißheit, daß Sie den Rest Ihres Lebens nicht mit ihr verbringen wollen oder können. Oder eben auch, daß Sie sich in eine andere verliebt haben. Auch wenn Frauen, ebensowenig wie Männer, bei einer solchen Mitteilung vor Freude in die Hände klatschen, wissen sie wenigstens, woran sie sind. Und das heißt, frei zu sein für jemanden, der eines Tages einherspaziert kommt und sie so liebt wie sie ihn – anstatt aus Mitleid oder Feigheit des Mannes noch ein paar Tage, Wochen, Monate, ein Leben lang ungeliebt neben ihm geduldet zu werden.

- Teilen Sie ihr Ihren Entschluß nie und nimmer in einem fahrenden Auto mit – schon gar nicht, wenn sie am Steuer sitzt ...
- Vermeiden Sie, ihr den Abschied in einem Restaurant zu geben. Keine Frau heult gern in aller Öffentlichkeit los ...
- Hüten Sie sich davor, es ihr bei Vollmond zu erzählen. In diesen Nächten ist die Mordquote besonders hoch ...
- Wählen Sie nicht unbedingt den Balkon eines Wolkenkratzers, um ihr ade zu sagen. Sie könnten nur noch Sekunden Zeit haben, sich darüber zu wundern, warum Sie sie nicht festgehalten haben, als sie zum Sprung über die Brüstung ansetzte ...
- Teilen Sie ihr die Angelegenheit nicht in Ihrer Wohnung mit, falls Ihr Rosenthal zu einer bereits ausgelaufenen Serie gehört ...
- Suchen Sie sich nicht unbedingt ihren Geburtstag, Silvester, Weihnachten oder den Tag, an dem Sie gemeinsam in Urlaub fahren wollten, als Schlußtag aus ...

Oh, eines noch: Vermeiden Sie, ihr beim Abschied einen Kuß auf die Stirn zu geben. Kaum etwas ist für eine Frau grauenvoller, als plötzlich wie ein Neutrum behandelt zu werden.

Und erzählen Sie ihr um Himmels willen nicht, sie wollen immer ihr Freund bleiben. Das können Sie vielleicht werden, aber im Augenblick müssen Sie ihr erst einmal Zeit lassen, sich mit dem Gedanken, daß Ihre Liebe fortan eine platonische ist, anzufreunden.

Jetzt geht's erst richtig los ...

»Immer suchen ist nicht schön. Man möchte
auch mal nach Hause.«

KURT TUCHOLSKY

Vielleicht wollten Sie sie jetzt noch gar nicht finden,
aber da ist sie: die Frau, die Sie so akzeptiert, wie Sie sind,
und mit all Ihren kleinen und großen Macken liebt. Und
bei der es Ihnen ebenso geht. Die Frau, die für Sie auch
dann noch schön ist, wenn sie ihr Make-up runterge-
waschen hat und eine glänzende Nase zum Vorschein
kommt. Die Frau, mit der Sie lachen und albern können,
die Ihre Art von Humor versteht und selber hat, die
Frau, mit der Sie auch reden können, wenn Sie Probleme haben. Mit der Sie sich überhaupt gut unterhalten
können. Auch wenn sie nicht, wie Sie, Tennis spielt –
und es wohl auch nie lernen wird, weil ihr das Talent
nun mal gerade fehlt. Die Frau, die einerseits Partnerin
ist – und dann wieder nur Frau. Und die gerne Frau ist.
Vor allem dann, wenn Sie in Ihren Armen liegt. Die
Frau, bei der Sie sich geborgen fühlen und die Sie gleichzeitig beschützen wollen. Die Frau, die geistig auf Ihrer
Wellenlänge ist und bei der Sie nie wissen, wo ihre Haut
aufhört und Ihre beginnt. Mit der Sie eins sind. Der Sie
vertrauen. Die Ihnen vertraut. Und von der Sie wissen,
daß sie das auch kann. Die Frau, von der Sie fühlen, daß
sie die Richtige ist.

Halten Sie sie fest. (Aber drücken Sie ihr nicht die Luft ab.) Und noch etwas: Legen Sie dieses Buch in den Schuhkarton Ihrer Erinnerungen. Zu denen, die Sie mit achtzig, wenn Sie mit ihr im Schaukelstuhl am Kamin sitzen, hervorkramen und noch einmal auffrischen möchten. Da gehört es hin. Denn für Sie hat es seinen Zweck erfüllt – Sie brauchen es nicht mehr.

»Weisheit, die du lang gesucht
In den Bücherein,
Leuchtet jetzt aus jedem Blatt –
Denn nun ist sie dein.«

HERMANN HESSE

**Das Gesamtverzeichnis der Heyne-Taschenbücher
informiert Sie ausführlich über alle lieferbaren Titel.
Sie erhalten es von Ihrer Buchhandlung
oder direkt vom Verlag.
Wilhelm Heyne Verlag, Postfach 201204,
8000 München 2**

Erotische Literatur im Heyne-Taschenbuch

Alexandra Penney
How to make love to a man
So macht man Liebe mit einem Mann
01/6020 – DM 5,80

Jackie Collins
Das Luder
01/6041 – DM 5,80

Anne Cumming
Spätsommer-nächte
01/6053 – DM 7,80

Xaviera Hollander (Hrsg.)
Die besten erotischen Erzählungen der Welt
01/6077 – DM 9,80

Sylvia Bourdon
Die Liebe ist ein Fest
01/6101 – DM 5,80

HEYNE BÜCHER

Arthur-Maria Rabenalt
Das Filmbett
Erotische Erzählungen
01/6089 – DM 5,80

Oswald Kolle
Ich liebe, wie ich lieben will
01/6103 – DM 5,80

Xaviera Hollander
Stunden mit Felix
01/6131 – DM 5,80

Wilhelm M. Busch
Erotische Szenen der Weltliteratur
01/6143 – DM 7,80

Rosemary Rogers
Jasmine
01/6155 – DM 6,80

Neal Travis
Alles ist nicht genug
01/6166 – DM 7,80

Xaviera Hollander
Magische Begegnungen
01/6178 – DM 7,80

Das Ehebett
Erotische Erzählungen
01/6190 – DM 4,80

Preisänderungen vorbehalten.

WILHELM HEYNE VERLAG MÜNCHEN